Andreas Malessa

UND DAS SOLL MAN GLAUBEN?

Warum ich der Bibel **trotzdem** vertraue

In diesem Buch finden Sie keine Gendersternchen, Doppelpunkte in der Wortmitte, Unterstriche, Binnen-Versalien oder Endungs-X. Das ist keine Ablehnung der dringend notwendigen Bemühungen, Chancengleichheit für alle herzustellen, im Gegenteil: Diesem Ziel fühle ich mich als Autor verpflichtet.

Allerdings glaube ich nicht, dass eine Verkomplizierung der Sprache und erschwerte Lesbarkeit die Ungerechtigkeiten beseitigen. Nur aktives Handeln im Alltag schafft Veränderung.

Deshalb nutze ich an vielen Stellen die weibliche *und* die männliche Form, an manchen die geschlechtsneutrale Verlaufsform, an anderen nur die weibliche oder nur die männliche Schreibweise.

Inhalt

Vorwort

Für wen ist dieses Buch?

Für Singles, die beim Smalltalk oder Daten gefragt werden, woran sie glauben. Und gerne eine Antwort hätten, warum an nix oder woran doch.
Für Paare, die im Alltag merken, dass Werte und Grundsätze nicht nur vage gefühlt, sondern benannt und kommuniziert werden müssen. Die aus der Bibel z. B. oder gerade die lieber nicht?
Für Eltern, die überlegen, ob sie ihre Kleinkinder bedenkenlos in kirchliche Kitas schicken können, wo von Adam und Eva, von Noahs Artenschutz in einem Holzkahn, von Völkerwanderungen auf Meeresgrund und einem ans Kreuz genagelten Sohn erzählt wird.
Für Familien, die überlegen, ob Heiligabend und Ostern simple Folklore-Feste sind oder was da noch dran sein könnte.
Für Berufstätige, die beobachten, dass erfolgreich multikulturelles Teamwork abhängig ist vom Menschenbild. Was Frauen, Männer und Diverse von sich selbst denken. Aufgrund ihrer Traditionen. Und ihrer religiösen Überzeugungen. Manchmal direkt aus der Bibel.
Für politisch Interessierte, die im Freundeskreis diskutieren, was ökologisch, wirtschafts-, familien- und sozialpolitisch »christ-

lich« und was »unchristlich« ist und ab wann das »christliche Abendland« keins mehr ist.

Für Kulturbeflissene, die in Kunstwerken dauernd auf biblische Bilder und Zitate stoßen. Von Michelangelo über Thomas Mann bis zu Jesus Christ Superstar und Netflix-Blockbustern. Muss man die kennen, die Quellen?

Für Kirchgänger, die im Gottesdienst mehr erwarten als Spruchkarten-Weisheiten und staunen, wie Bibelstellen auch ausgelegt werden können.

Für Internet-Surfer, die sich wundern, warum Verschwörungsfreaks, Kulturkämpfer und Untergangsprediger Bibelverse verwenden, mit denen alles und das jeweilige Gegenteil davon behauptet wird.

Für alle, die eine dicke »Heilige Schrift« im Bücherregal haben und sich fragen warum. Also warum sie »heilig« sein soll.

Für Liberale, die fürchten, dass man ein Fundi wird, wenn man der Bibel vertraut.

Für Konservative, die fürchten, dass man der Bibel untreu wird, wenn man den Liberalen glaubt. Und für alle dazwischen, die zu wenig von dem wissen, wovon sie meinen, es nicht glauben zu können.

Was will dieses Buch?

Unterhaltsam erzählen, warum es sich lohnt, über die Bibel Bescheid zu wissen. Nicht »unnützes Angeberwissen für die Frühstückspause« zu haben, sondern laienverständli-

ches Fachwissen. Dieses Buch will Recherche statt Gerüchte (»Irgendwo in der Bibel steht aber …«), Fakten statt Vereinnahmung (»Gott sagt in seinem Wort ganz klar …«), Infos statt Ignoranz bieten (»uralt und irrelevant«) – augenzwinkernd satirische Schulterblicke nicht ausgeschlossen.
Dies Buch will sogar Lust aufs Selberlesen machen!

Wer schreibt das?

Ein Journalist, der nach seinem Studium der Evangelischen Theologie in Hamburg 30 Jahre beim Deutschlandfunk und beim SWR-Fernsehen die Themen Religion, Kultur und Soziales aktuell bearbeitet hat. In Reportagen, Radiofeatures, Talkformaten und Dokumentarfilmen. Und dabei Menschen kennenlernte, die seine aus Familie und Studium mitgebrachte Wertschätzung der Bibel kritisch hinterfragten und – im Kern bestärkten. Jemand, der erlebt hat, dass man nicht »an« die Bibel glauben muss, aber »der« Bibel »trauen« kann.
Würde mich freuen, wenn es anderen auch so geht.

Andreas Malessa

KAPITEL 1

Was ist Ihnen heilig?

Das fragte ich Studierende an der Filmakademie Ludwigsburg. Lauter junge Kreative, kluge Kinofreaks, mehrheitlich eher »Nicht-so-religiöse« – und bekam erstaunlich spontan und direkt als Antworten:

- »Die Erinnerung ans Ferienhaus meiner Kindheit«;
- »Sex mit meiner jetzigen Partnerin«;
- »Die Brosche meiner Oma«;
- »Mein Tagebuch«.

Na bitte, dachte ich. Origineller als »Das Reinheitsgebot für deutsches Bier« oder das schwäbische »Heilix Blechle«! Wobei Bier und Blech ja tatsächlich sehr typisch dafür stehen, was unter »Heiligkeit« verstanden wird: Das Objekt meiner Verehrung soll bitte »rein« und »unversehrt« bleiben. Beide, das Getränk und das Gefährt, sind schutzwürdig und bewahrenswert und sollten notfalls gegen Verunreinigung und Beschädigung verteidigt werden.

Als ich in Ludwigsburg die Regiestars von morgen fragte, ob ich über ihre Kindheitserinnerung oder über ihren Sex einmal spotten dürfe, ob ich die Brosche mir selbst anstecken oder das Tagebuch ironisch zitieren solle – da hieß es ebenso blitzschnell und freundlich drohend: »Wehe! Das wagen Sie nicht«.

Hm. Ein Raum, ein Erlebnis, ein Gegenstand, eine Schrift.

Warum senken Touristen ihre Plauderlautstärke oder beenden ihre genervten Streitereien, wenn sie eine Kathedrale betreten? Warum werden Leute rot oder finden es peinlich, wenn jemand am Stammtisch erotische Einzelheiten krakeelt? Warum versteckt man wertvolle Gegenstände und verwahrt private Notizbücher in abschließbaren Schubladen? Weil es Räume, Erlebnisse, Objekte und Texte gibt, die wir »ehrfurchtgebietend« finden. Weil offenbar alle Menschen, ob gläubig oder nicht, ein Bedürfnis danach und ein Gespür dafür haben, dass etwas »heilig« bleiben soll. Unser deutsches Wort kommt her vom griechischen »hagios« und meint »umzäunt«, »besitzmarkiert«, »zugehörig«, »unterschieden«. Der altdeutsche »Hag«, das Grundstück, der Garten, meinte dasselbe.
»Heilig« markiert eine Grenze, definiert das Besondere. Wie ein Schild, das man in den Vorgarten rammt. Wie ein Zaun, der das Öffentliche vom Privaten, das Allgemeine vom Persönlichen unterscheidet. Den Tempel von der Marktbude, den Heiratsantrag von der Alltagsverabredung, den Abendmahlskelch vom Bierseidel, die Verfassung und das Grundgesetz vom Taschenbuchkrimi und der Boulevardzeitung.

Haben Sie jetzt gedacht: »Nö wieso, ist doch alles dasselbe!«? Oder haben Sie gedacht: »Na klar, das muss auch voneinander unterschieden werden!«? Ich vermute: Sie stimmen der Heilig-

keit des einen und der Profanität des anderen zu. Wir *wollen* nämlich, dass das Besondere auch das Besondere bleibt. Etwas »be-sonder-es«. Was Abgesondertes, was Herausragendes, was »Heiliges«. Verehrenswert und schutzwürdig werden solche »heiligen« Räume, Erinnerungen, Gegenstände oder Schriften durch die Bedeutung, die sie für mein Leben und meine Gefühle haben. Ihre »Heiligkeit« muss gar nicht objektiv von einem Gesetz oder von einer Institution definiert und verordnet werden, sondern ihre Heiligkeit ergibt sich subjektiv durch das, was ich an diesen Orten, durch diese Ereignisse, mit diesen Gegenständen oder in diesen Texten *erlebte.*
Wie stark wir innerlich daran hängen, merken wir manchmal erst, wenn diese hinzugedachte und hinzugefühlte Heiligkeit verloren geht oder zerstört wurde: Unsere Silberhochzeit wollten meine Frau und ich da feiern, wo wir uns kennengelernt hatten. Wir suchten das Studentenwohnheim, unseren Lieblings-Jazz-Club und das schicke Restaurant, in dem uns zum ersten Mal das Wort »Heiraten« über die Lippen gekommen war. Vor mehr als 25 Jahren eben. Eine Art Pilgerfahrt zu unseren »heiligen« Stätten sollte es werden. Und dann? Statt des Studentenwohnheims stand da ein Lidl-Markt! Im ehemals legendären Jazz-Café war jetzt ein Waschsalon! In den Räumen des damals angesagtesten Restaurants gab es jetzt ein Sanitätshaus mit Krücken und Blutdruckmessgeräten im Schaufenster! Wir fühlten uns beinah persönlich beleidigt.

Jeden Freitag legen Jüdinnen und Juden in Deutschland bei Sonnenuntergang die Arbeit nieder, bereiten koschere Speisen für den Sabbat vor, sprechen jahrtausendealte Tischgebete und

Segenssprüche, erheben ihr Glas und zelebrieren ein Abendessen, dessen Rituale Dankbarkeit und Ehrerbietung Gott gegenüber ausdrücken.

Jeden Sonntagmorgen betreten katholische Christinnen und Christen ihre Kathedralen und Kirchen, tauchen die Finger ins Weihwasserbecken, bekreuzigen sich und deuten einen Knicks an, eigentlich einen Kniefall, gegenüber dem Altar, dem Tabernakel und dem ewigen Licht. Und selbst in einem eher nüchternen evangelischen Gemeindehaus oder einem freikirchlichen Mehrzweckgebäude ist für Gläubige der Gottesdienst, die Tauffeier, das Abendmahl klar unterscheidbar von einer x-beliebigen Vortragsveranstaltung dort oder einem geselligen Beisammensein bei Wein und Brezeln.

Beide Religionen, Judentum und Christentum, gehen zurück und berufen sich auf ein Buch, das sie »Heilige Schrift« nennen. Weil sie glauben, dass Gott durch die Texte dieses Buches zu ihnen spricht. Präsens. Nicht nur irgendwann mal gesprochen hat, sondern spricht. In Romanen sprechen die Protagonisten, in Ratgebern die Autorinnen und Autoren oder die Zitierten. Die alle gibt es in der Bibel, vor allem aber spricht Gott.

Nun gut, diese Meinung muss man nicht teilen. Aber die Ehrerbietung, die Menschen diesem Buch entgegenbringen, sollte man respektieren. Weil es um die Bedeutung geht, die seine Inhalte für Leserinnen und Leser haben oder haben können. Die Bibel ist nie »nur ein Buch«. Sie ist immer auch Symbol für den Glauben, die Spiritualität, die jüdisch-christliche Weltanschauung, für ein Menschenbild, ein Wertebewusstsein. Wer eine bestimmte religiöse, kulturelle oder politische

Denk- und Lebensweise ablehnt, hasst, verhindern will – fängt meist bei ihren Texten an: Als die Nazis im März und Mai 1933 deutschlandweit mit theatralischer Geste die Bücher jüdischer, liberaler oder linker Autorinnen und Autoren verbrannten – von Anna Seghers, Franz Kafka, Bert Brecht, Kurt Tucholsky, Erich Kästner z. B. – wollten sie ein Zeichen setzen gegen den »undeutschen Geist«, den die Texte ihrer Meinung nach verbreiteten. 110 Jahre vorher, 1823, hatte der Dichter Heinrich Heine geschrieben: »Dies ist ein Vorspiel nur. Wo man Bücher verbrennt, da brennen bald auch Menschen.« Genauso kam es. »Jüdische Autoren verbreiten undeutschen Geist?« Da hätten sie doch zuallererst die Bibel verbrennen müssen, oder?

Der bis 2008 in Köln tätige Sektenprediger Terry Jones und sein Ko-Pastor Wayne Sapp verbrannten im März 2011 einen Koran in ihrer Gemeinde in Gainesville/Florida. Empörte Islamisten in Afghanistan töteten daraufhin sieben UN-Mitarbeitende. Aktivist Udo Ulfkotte vom rechten Netzwerk »Pro NRW« lud Hassprediger Terry Jones prompt nach Deutschland ein. Wenn christliche Fundamentalisten auf muslimische Fundamentalisten prallen, gibt es Tote im Nahen Osten und Riesenrandale in Europa. Um das in Köln zu verhindern, sprach der damalige Außenminister Guido Westerwelle ein Einreiseverbot für den Koranverbrenner aus.

Das tolerante Schweden dagegen *erlaubte* am 21. Januar 2023 dem Gründer der rechten »Stram Kurs«-Partei, Rasmus Paludan, vor der türkischen Botschaft in Stockholm einen Koran zu verbrennen. Ergebnis: Diktator Erdogan gab sich empört, rieb sich aber die Hände, denn nun konnte er den NATO-Beitritt Schwedens weiterhin blockieren.

Was ist Ihnen heilig?

Wenn auf Internet-Kacheln, in Comics und Karikaturen, in Werbespots und Videoclips, vor allem aber in Satire-Sendungen allerlei Engel und Teufel, Evas und Äpfel, Gottheiten und Jesusse, Marias und Päpste auftauchen; wenn Kabarettisten und Comedians den gekreuzigten Jesus, das Abendmahl oder die Auferstehung verhohnepipeln, dann finden das viele geschmacklos und gotteslästerlich. »Ist denen denn nichts mehr heilig!« lautet dann die spontane Empörung.

»Religiöse Gefühle sind halt empfindlicher als ein Schienbein«, sagte Ex-Verfassungsrichter Ernst Benda. Der § 166 unseres deutschen Strafgesetzbuches, der fälschlich so genannte »Gotteslästerungs«-Paragraph, schützt auch nicht etwa zartbesaitete fromme Seelen, sondern den »öffentlichen Frieden«. Ein weltanschaulich neutraler Rechtsstaat kann auf Strafandrohungen gegen »Blasphemie« verzichten, wenn er einerseits die Religionsfreiheit, andererseits aber auch Meinungs- und Pressefreiheit garantiert. Die Freiheit der Kunst – und der religionskritischen Kabarettisten – kann der Gesetzgeber aber leichter gewähren, wenn sich bei Künstlern und Comedians die Erkenntnis herumspricht, dass jeder Mensch empfindliche Seelenbezirke hat. Geistig erogene Zonen im Kopf und im Bauchgefühl, könnte man sagen. Erinnerungen, die bei Berührung heftig reagieren. »Intimsphäre« nennen wir diesen »Hag«, dieses umzäunte Gärtlein des Ichs. Diese Intimsphäre beginnt körperlich meist an der Badezimmer- oder Schlafzimmertür.

Seelisch-geistig aber beginnt sie an den Grenzen dessen, was einem kulturell und religiös schutzwürdig erscheint. Die Bibel zum Beispiel. Die »Heilige Schrift«.

Kommen nun aber 250 Jahre naturwissenschaftliche Forschung daher und die sagen: »Erschaffung der Welt in sechs Tagen? Mumpitz! Alle Tierarten in einem einzigen Holzschiff? Lächerlich! Jungfrau kriegt Kind? Wer glaubt denn so was!« – dann streiten Kopf gegen Herz, Verstand gegen Gefühl und ein kaltherziger Rationalismus tritt die Tür eines gemütlichen religiösen Wohnzimmers ein. Freundlich und gebildet nennt man diesen Vorgang »De-Konstruktion«. Die De-Konstruktion biblischer Texte beginnt schon im kirchlichen Kindergarten, wenn einerseits von der Erschaffung der Welt durch Gott und von Adam und Eva erzählt wird, andrerseits aber Bilderbücher mit Dinosauriern, versteinerten Fossilien und affenähnlichen Urmenschen herumgereicht werden.

Die Dekonstruktion der »Heiligen Schrift« fand und findet auch in den Köpfen gläubiger Menschen statt. Ob sie es zugeben oder nicht. Das bringt Verlustangst und bringt Verletzungsschmerz. Ihr Gefühl sagt: »Die Wissenschaft, die Moderne, der Zeitgeist, die Säkularisierung – alle nehmen mir was weg. Da zerbröseln ethische Orientierung und Grundwerte, da stehen religiöse Haltungen als infantil und blöd dar. Wenn so vieles aus der Bibel nicht mehr stimmt, was stimmt dann überhaupt noch?« Wie heilig also ist die »Heilige Schrift«?

Christinnen und Christen nennen sich so, weil sie sich »Jesus Christus zugehörig« fühlen und sich auf ihn berufen. Von dem wissen sie zwar nur das, was die Bibel von ihm und über ihn erzählt – trotzdem heißt ihre Religion »Christen-tum« und nicht »Bibel-tum«. Klingt albern, könnte aber den »Dekonstruktions-Schmerz« mancher Christenmenschen mildern. Wenn sich ihre Wertschätzung der Bibel nicht daran misst, wie viel »Richtigkeiten« ihnen einleuchtend scheinen, sondern wie viel »Christus« in ihr aufleuchtet. Ausgehend von der Frage: Was war Jesus denn heilig?

Der Jerusalemer Tempel und die Gerätschaften darin? Als eine Frau aus dem Landstrich »Samarien« – Angehörige einer religiösen Minderheit im antiken Israel – Jesus gegenüber einwendet, sie dürfe ja nicht in den Jerusalemer Tempel (leider Frau, leider Samariterin), antwortet er ihr sinngemäß: »Vergiss alle Tempel. Es kommt die Zeit, da begegnet man Gott ›im Geist und in der Wahrheit‹«[1]. Heißt so viel wie: Ohne festgelegte heilige Orte mit religionsgesetzlich definierten Zutrittsverboten.

Waren Jesus das mosaische Gesetz und seine wortwörtliche Einhaltung »heilig«? Das Gesetz? Ja. Seine wortwörtliche Einhaltung? Nein. Jesus verschärft die Verbote von Mord, Ehebruch und Meineid. Geradezu anmaßend im Gegensatzpaar »Ihr habt gehört, dass ..., ich aber sage euch«[2]. Andrerseits relativiert er das Verbot, am Sabbat zu arbeiten.[3]

Waren Jesus die gesellschaftlichen Konventionen »heilig«? Jesus schickt seine Mutter weg, als sie ihn nach Hause holen will.[4] Jesus kehrt ins Haus der zwei unverheirateten Frauen Maria und Martha ein[5]; Jesus lässt sich von einem korrupten Beamten einladen und von einer stadtbekannten »Sünderin« öffentlich liebkosen.[6] »Ist dem denn gar nichts heilig!«, fragten die religiös und kulturell Konservativen seiner Zeit. Doch! Menschen waren Jesus heilig.

Schutzwürdig, bewahrenswert, liebenswert. »Heilig« sind ihm die Menschen nicht, weil wir so talentiert, vernunftbegabt, moralisch fehlerlos oder spirituell sensibel wären. Sondern weil wir »nach dem Bilde Gottes geschaffen«[7] sind, also wie »Kinder Gottes« leben könnten.

»Ich bin gekommen, um zu suchen und selig zu machen, was verloren ist«, sagt Jesus über seinen Auftrag.[8] Heißt doch: Ich bin gekommen, um euch davor zu schützen, dass Menschenwürde und Menschenwerte, Identität und Sinn verloren gehen. »Selig machen« im Sinne von: »Ich bin gekommen, um euch diesseits und jenseits des Todes bei Gott zu beheimaten.«

Folgerichtig sind die im christlichen Teil der Bibel, im sogenannten »Neuen Testament« enthaltenen Briefe an die ersten Gemeinden rund ums Mittelmeer ganz unbekümmert an »die Heiligen von …« adressiert. Dass ihre Briefe selbst eines Tages als »Heilige Schriften« gelten würden, gleichauf mit der hebräischen »Thora«, die ihnen als Juden heilig war – das konnten die Verfasser ja nicht ahnen. …

KAPITEL 2

Warum sagten Sie Ja?

Das fragte ich für eine Reportage kurz vor Valentinstag verheiratete Paare, die gemeinsam (!) Blumen kauften. Erinnern Sie sich doch mal selbst. Oder, falls Sie Single sind, bitten Sie ein befreundetes Ehepaar, es Ihnen zu erzählen: Warum machten Sie Ihre Absicht, füreinander lebenslang verantwortlich zu sein, aktenkundig und rechtsverbindlich?

Das war doch sehr adrenalinhaltig, oder? Erst auf dem Standesamt, dann vor dem Traualtar. In Anwesenheit der Verwandten und vieler Freunde, von ergreifender Musik umbrandet, mit Kloß im Hals und Tränen der Rührung in den Augen? Dabei war das Traualtar-Ja schon das vierte. Den zwei amtlichen Antworten – auf dem Rathaus und in der Kirche – ging doch ein Heiratsantrag voraus, oder? Die berühmte »Willst du?«-Frage. Ob mit Kniefall-plus-Ring oder ohne alles, aber bei Vollmond …? Auch da haben Sie – Herzklopfen, Gänsehaut – ausdrücklich Ja gesagt. Ja gesagt, einander vertrauen zu wollen. Voraussetzung für diesen Heiratsantrag wiederum war ein Einverständnis, an dessen Zustandekommen sich manche Paare lieber gar nicht erinnern, das andere Paare aber als einen heiligen Moment ihres Lebens in Ehren halten: ihr erster Kuss!

Auch da stieg der Blutdruck und die Schmetterlinge im Bauch flatterten. Ob ohne Worte oder mit: Es war ein Ja.
Viermal haben Sie sich getraut, einander zu vertrauen. Und wurden infolgedessen immer vertrauter miteinander. Obwohl es weder Beweise noch Garantien gab. Für die Liebe nicht, die Treue nicht, für die Haltbarkeit des Glücks schon gar nicht. Keine Sicherheiten. Es gab nur den Sprung ins Vertrauen.

Was hat das mit dem Thema dieses Buches zu tun? Die berühmte »Gretchenfrage« ist doch: Gibt es vernünftige Gründe, an Gott zu glauben? Und falls es ihn oder sie oder es gibt – sollte Gott dann unter 8,6 Milliarden Menschen ausgerechnet an mir persönlich interessiert sein? Die Bibel antwortet hier mit »Ja«. Was sofort die Rückfrage aufwirft: »Und das soll ich glauben?!«
Tja. Die deutsche Umgangssprache verwendet »glauben« leider synonym für »vermuten«: Ich glaube, morgen regnet's. Ich glaube, es ist der Magen. Dabei meinte das Verb im Althochdeutschen »geloben« und bezeichnete ein »willentliches vertrauen«. Kurz: »glauben« kann man nicht müssen. Ich kann es nur wollen.
Noch eine Unterscheidung ist zu machen: Wenn ich eine Ordnungsstrafe bekomme, weil ich geblitzt wurde, oder wenn ich meinen Einkommenssteuerbescheid lese, dann rufe ich manchmal: »Ich glaub's ja nicht!«. Aber »glauben« ist das falsche Wort. Wenn ich gezwungen bin, eine unvermeidliche Tatsache zu akzeptieren – mein Lebensalter, eine tödliche Krankheit, eine Naturkatastrophe, oder eben meinen Einkommenssteuerbescheid – dann muss ich die »hinnehmen«

oder »mich damit abfinden«. Die sarkastische Redewendung »Irgendwann muss jeder dran glauben« führt auch auf die falsche Fährte: Nein, jede und jeder muss irgendwann den Tod gezwungenermaßen erleiden. Mit »freiwilligem Vertrauen« wie beim ersten Kuss, beim Heiratsantrag oder bei der Hochzeit hat das nichts zu tun.

Dem Grundgesetz und dem Strafgesetzbuch *muss* ich gehorchen. Deren Missachtung oder Übertretung ist strafbewehrt. Den Mietvertrag und die Hausordnung *sollte* ich befolgen. War so verabredet und ist für alle Beteiligten stressfreier. Dem Versicherungsvertrag *kann* ich »glauben« im Wortsinn, wenn ich ihn gründlich gelesen habe, die Bedingungen plausibel und den Vertragspartner vertrauenswürdig finde.

Der Bibel aber – der kann ich nur vertrauen *wollen*. Sie ist nämlich weder Strafgesetzbuch noch Versicherungsvertrag (auch wenn viele Passagen so klingen. Dazu später mehr), sondern im Kern ist sie das Dokument einer Beziehung zwischen Gott und dem Menschen. In dieser Beziehung übernimmt sie die Funktion eines Briefwechsels: Es gibt ergreifende Liebesbriefe und verstörende Beschwerdebriefe. Von Menschen an Gott, aber auch von Gott an uns. Es gibt dramatische Familienromane, kunstvolle Kurzgeschichten, endlose Verordnungen, zarte Poesie, weise Gebete, berühmte Lieder, noch berühmtere Gleichnisse und Metaphern, es gibt drakonische Drohungen, witzige Anekdoten, zähe Namens- und Bestandslisten und sogar banales Alltagskleinklein.

»Und das alles soll ich glauben?!« Nein. Können Sie nicht, müssen Sie nicht und »alles« haben die wenigsten Menschen gelesen.

Ich schon. Sogar oft schon. Weil ich relativ früh »Ja« sagte. Ja sagte zu der Annahme, dass die Bibel mehr ist als die Summe ihrer literarischen Einzelteile. Eine Textsammlung nämlich, durch die ein tatsächlich lebendiger Gott sein Wesen und Wollen »offenbart«. Das ist unbeweisbar, klar, es ist nur erstmal positiv unterstellt: ein Buch, in dem Gott sich zeigt, bekannt macht, seine Motive und Absichten erläutert und ich dabei erfahre, dass Gott Liebe ist.[1] Nicht als abstrakt philosophischer Begriff, sondern spürbar und wirkungsvoll: »Liebe, ausgegossen in unsere Herzen«[2].

Warum so viel Vorschussvertrauen? Weil ich ohne diesen Sprung ins Vertrauen keine Erfahrungen mit der Liebe Gottes gemacht hätte. Ohne Vorschussvertrauen zu meiner Freundin hätte es ja auch keinen Kuss, keinen Heiratsantrag, keine Hochzeit und keinen daraus folgenden gemeinsamen Lebensstil gegeben.
»Hatten Sie denn nie Zweifel?«, wurde ich nach einem solchen Glaubensbekenntnis manchmal gefragt. Doch. Sogar an unserer gegenseitigen Liebe füreinander haben meine Frau und ich schon gezweifelt. Und an der Liebe Gottes erst recht. Dank einer gewissen Portion Zähigkeit aber stellten wir fest: Vertrauen in die Liebe kann schrumpfen und schwinden, öfter aber wachsen und reifen. Nicht dadurch, dass ich »blind« glaube und »lammfromm« zu allem Ja und Amen sage. Sondern gerade dadurch, dass ich kritisch frage, denke, die Aussagen über Gott abklopfe und sortiere. Das war übrigens die erstaunliche und in der Summe beglückende Erfahrung meines Theologiestudiums. Die mehr als 1.000 Seiten »Kirchliche Dogmatik« des

evangelischen Jahrhundert-Theologen Karl Barth habe ich, (hüstel, räusper) in den fünf Jahren nicht gelesen. Aber als man ihn fragte, wie er seinen Glauben in einem Satz zusammenfassen würde, zitierte Karl Barth ein englisches Kinderlied: »Jesus loves me, this I know, 'cause the bible tells me so.«

Ich lese die Bibel also als »Offenbarungsquelle« Gottes und das macht mich natürlich befangen, wenn ich sie untersuche. Juristinnen und Journalistenkollegen werden mich als »in der Sache nicht unabhängig« ablehnen. Tja, tut mir leid. Aber ich habe mal einen Film über Kardinal Walter Kasper gedreht, als er vom Bischof in Rottenburg-Stuttgart zum Kurienkardinal in Rom und Präsidenten des »Päpstlichen Rates zur Förderung der Einheit der Christen« wurde. Als Papst Franziskus 2013 seine erste Sonntagspredigt im neuen Amt hielt, erzählte er, er habe Kaspers Buch »Barmherzigkeit« während der Tage des Wahlverfahrens gelesen. Das sei »Theologie auf den Knien«. Der Papst wollte sagen, dass zu guter Theologie außer akademischer Qualität auch Gebet gehört. Die Reaktion des hochgelobten Autors: »Ich war total überrascht und erfreut. Das versprach eine gute Zusammenarbeit und so war es dann ja auch. Selbstverständlich schreibe ich meine Bücher nicht auf Knien, sondern im Sitzen. Am Schreibtisch. Aber man kann nicht von Gott reden, ohne zu ihm zu reden und von ihm zu hören.[3]

In diesem Sinne hoffe ich, nicht nur befangen, sondern auch kompetent zu sein für all jene, denen die Bibel eine »Heilige Schrift« ist, obwohl sie sich beim Lesen ehrlicherweise fragen: »Und das soll ich glauben??«

KAPITEL 3

Ist das Kultur oder kann das weg?

... fragten sich vermutlich Millionen Menschen, die den Corona-Lockdown 2020 dafür nutzten, ihre Dachböden, Keller und Bücherregale auszumisten. Möglicherweise hielt dabei die eine oder der andere eine Bibel in der Hand.

Meine Güte: Ledereinband, Goldschnitt, jeder Anfangsbuchstabe ein kalligraphisches Kunstwerk. Gelesen hat man die doch nie, diese Bibel. Solche Schinken werden ja auch nicht gelesen, sondern verschenkt. Zu denselben Anlässen, zu denen man auch in die Kirche geht: Taufe, Konfirmation, Hochzeit. Und nach der Beerdigung wird sie vererbt. Ungelesen weitervererbt. Bis zur nächsten Taufe, Konfirmation, Hochzeit und Beerdigung. Viermal im Leben geht der durchschnittsreligiöse Deutsche zur Kirche. Zweimal davon wird er getragen.

Dabei werden weltweit jedes Jahr etwa 40 Millionen Bibeln verkauft! Es ist der Mega-Bestseller, den die Hit-Listen der Nachrichtenmagazine wöchentlich ignorieren. Übersetzt in rund 1.600 Sprachen, allein auf Deutsch sind rund 35 verschiedene Übersetzungen erhältlich. Von den hunderterlei Ausstattungsvarianten ganz zu schweigen. Die teuerste Bibel wurde bei Sothebys für 13 Millionen Euro versteigert, ihre ältesten Textfragmente sind unbezahlbar.

Schön und gut, aber – was wüssten Karl-Heinz und Karla, falls sie mal nach Inhalten gefragt würden? In Quizshows wird doch alles Mögliche gefragt! Wenig. Eigentlich nichts. Ein paar Figuren, ja. »Adam und Eva. Oder Noah, der mit der Arche. Und dass Jesus übers Wasser ging. Also gegangen sein soll, man weiß es ja nicht« ...

Schade. Viele Leute meinen zu wissen, nicht glauben zu können, wovon sie nichts wissen. Obwohl sie es könnten, das Glauben. Denn lange vor der Frage, »ob man das glauben soll«, werden selbst überzeugte Nichtreligiöse zustimmen, dass man ohne die Bibel unsere gesamte europäische, »abendländische« Kultur nicht wirklich erfasst. Weil sie von der Bibel durchdrungen ist wie von keinem anderen Buch. Und dass man – auch ohne gläubiges Einverständnis – von, mit und in der Bibel viel lernen kann. Bildungsförderliche Kulturtechniken zum Beispiel:

Lernen lernen

Ich wuchs in einer frommen Familie auf, in der – zumindest in den Jahren, die ich erinnere – nach dem Mittagessen ein Kapitel aus der Bibel laut vorgelesen wurde. Was wir drei Kinder vermutlich nur deshalb stillsitzend ertrugen, weil es den Nachtisch erst nach der Rezitation gab. »Dessert? Erst hinterher!« Wie eine Art Belohnung. Erklärt wurde wenig, infrage gestellt wurde nix. Wirklich verstanden wahrscheinlich das Wenigste.

Aber: Schon in der Grundschule stellten die Lehrkräfte bei mir ein »ungewöhnliches Faible für Sprache«, »lange Aufmerksamkeitspannen« und »interessierte Offenheit« fest. Zuhören können, mitdenken, literarische Figuren bewundern oder fürchten, sich mit ihnen identifizieren oder sie ablehnen; nicht nur Kampfszenen, auch Gespräche oder Mimik spannend finden; sich Merksätze tatsächlich merken – all diese »soft skills« eines Schulkindes verdanke ich der Bibel. (Was desaströse Noten in Mathe und Betragen nicht ausschloss.) Genauer: Ich verdankte meine Lernlust der Selbstverständlichkeit, mit der unsere Eltern die Bibel lasen, vorlasen oder zitierten.

Das hätte bei nicht so arg evangelischen Bildungsbürgern vielleicht auch mit Grimms Märchen, den Buddenbrooks oder Goethes Faust funktioniert. Mag ja sein. Aber der Unterschied von Nils Holgersson, Tom Sawyer, Pipi Langstrumpf, Winnetou und Kara Ben Nemsi – die ich dann selber las – zu den Dramen um Lea und Rebekka, den Abenteuern des Joseph, des Mose, des David und Jonathan, der Königin Isebel gegen Elia, der Maria Magdalena oder zu den Worten und Taten des Jesus von Nazareth – dieser Unterschied war irgendwie immer klar. Weil die Akteure einer Geschichte in direkter Anrede »angesprochen« wurden! Von Gott, der ja in der Bibel wie ein Live-Kommentator im Fußballstadion dauernd mitteilt, wie er dieses oder jenes findet, was sich lohnt und was sich rächt.

Auch ohne moralischen Zeigefinger von irgendwem war mir kindlich klar: Du kannst nicht mit den Wildgänsen nach Lappland fliegen und nicht mit den Apachen Büffel jagen. Aber denk' in der Turnhalle während der Sportstunde, am Schwebebalken und am Reck – Inbegriff der Angst, der Scham und der Demütigungen – doch an den Joseph, der erst im Brunnenloch, dann unschuldig im Knast, aber zum Schluss im Palast des Pharaos sitzt. Und der souverän großzügig seinen Arschlochbrüdern vergeben hat! Du kannst nicht fliegen wie Karlsson vom Dach. Aber auf dem Heimweg von der Schule kannst du den Prüglern ausweichen, wie David dem Saul und wie die Weisen aus dem Morgenland dem König Herodes.

Sprechen hören

Und dann, Schuljahr für Schuljahr, erst recht in den »Roaring Twenties« des Lebens, beim Um-die-Häuser-Ziehen, im Kino, in Clubs, bei Theaterstücken und auf Konzerten, staunte ich darüber, wo überall Bibel drinsteckt. Unüberhörbar natürlich schon in der Umgangssprache, mit der wir uns verständlich machen: Wenn jemand stundenlang ein edles Menü zubereitet hat für Gäste, die nur Fertigpizza und Pommes rotweiß zu schätzen wissen – dann hat er »Perlen vor die Säue geworfen«. Wenn eine ihren Ärger lieber ausspricht als runterschluckt, dann will sie »aus dem Herzen keine Mördergrube machen«. Als Helmut Kohl am Ende seiner Kanzlerschaft log und die Verfassung brach, beteuerte er: »Ich wasche meine Hände

in Unschuld.« Alles »geflügelte Worte«, denen die Bibel eben diese verliehen hat. Willy Brandt trat 1987 vom Parteivorsitz der SPD zurück, weil »einige mir die Rolle des Sündenbocks zugedacht haben«.
Der »Sündenbock, der in die Wüste geschickt wird«, stammt aus der Bibel und meint das unschuldige, aber stellvertretend bestrafte Opfertier. Jemandem »die Leviten lesen« kommt nicht von Levi Strauss, dem Erfinder strapazierfähiger blauer Hosen aus Zeltstoff mit Kupfernieten, sondern die Redewendung kommt von den »Leviten«, den Helfern im Jerusalemer Tempel. Die bewahrten nämlich die Vorschriften auf, das Buch »Leviticus«. »Die Zähne zusammenbeißen«, weil man »im Dunkeln tappen« muss, »keine Mätzchen machen« sollte, aber auch nicht »als Lückenbüßer herhalten« möchte, weil ein »Wolf im Schafspelz« womöglich »ausposaunen« könnte, dass man »sein Haus auf Sand gebaut« hat, obwohl doch alle »ein Herz und eine Seele« sind – alles Bibel, alles Luther.

Unser sogenanntes Hochdeutsch, flächendeckend von Garmisch bis Greifswald, gibt es erst, seit Martin Luther das Neue Testament aus dem Griechischen übersetzte. Zwischen Dezember 1521 und Februar 1522 (in nur elf Wochen!) auf der Wartburg bei Eisenach. In den Jahrhunderten davor sprachen die Leute ihren jeweiligen Regionaldialekt, nord- und niederdeutsch »auf Platt«. Wer sich als Politiker oder Handelsunternehmer europaweit verständlich machen musste, benutzte Latein, die Geschäftssprache der Gebildeten, erst recht, wenn man offizielle Briefe und Verträge schrieb oder schreiben ließ.

Das ist für uns heute das Englische. Mindestens ebenso biblisch geprägt. Wenn Wall-Street-Analysten warnen, die Aktionäre müssten »the writing on the wall« beachten, dann meinen sie Daniel 5, Verse 25 bis 28.
Martin Luther selbst sprach »thüringisch-sächsisches Kanzleideutsch«, erfand aber neben den 64 sprichwörtlich gewordenen Redewendungen auch neue Substantive: Feuertaufe, Selbstverleugnung, Machtwort, Schandfleck, Lockvogel, Lästermaul und viele mehr. Kurz: Aus der »heiligen« Schrift wurde alltägliches Sprechen. Und »weltliches« Schreiben.

Lesen können

O.k., aber »Das also ist des Pudels Kern!« aus Goethes »Faust« oder »Denk' ich an Deutschland in der Nacht, so bin ich um den Schlaf gebracht« aus Heinrich Heines »Wintermärchen« sind doch auch sprichwörtlich geworden und sind nicht aus der Bibel! Stimmt.
Aber Heine z. B. hat in seinem Gesamtwerk rund 400 mal Bibelverse und biblische Szenen zitiert oder literarisch bearbeitet, mehr als jeder andere deutsche Dichter. 1797 jüdisch geboren, 1844 evangelisch getauft, 1856 katholisch begraben, wurde er in der DDR und wird von Atheisten bis heute gern zitiert mit der sozialrevolutionären Hoffnung auf ein irdisches, ein diesseitiges Paradies-auf-Erden: »Ja, Zuckererbsen für jedermann / bis dass die Schoten platzen! / Den Himmel überlassen wir / den Pfaffen und den Spatzen.«

Als ihn aber mit Anfang 50 eine qualvolle Rückenmarkserkrankung acht Jahre lang an die »Matratzengruft« in Paris fesselte, schrieb er: »Ja, ich bin zurückgekehrt zu Gott wie der verlorene Sohn. Nachdem ich lange bei Hegel die Schweine gehütet habe. Das himmlische Heimweh überfiel mich und trieb mich zurück über die schwindligen Bergpfade der Dialektik.«[1] 1848 bereits schwerkrank, muss er starke Schmerzmittel nehmen. Als ihn sein Freund Karl Marx besucht, sagt Heine sarkastisch: »Wenn so ein bisschen grauer Staub in meinen fürchterlich schmerzenden Wunden dieselbe beruhigende Kraft hat wie die Religion, dann ist Opium auch eine Religion.« Karl Marx macht später daraus den Satz »Religion ist das Opium des Volkes«. Womit man der Religion, dem Opium und dem Dichter Heine unrecht tut.

Ich überlasse es jetzt mal den Schülerinnen im Deutsch-Leistungskurs oder den Germanistik-Studierenden, die lange Liste jener Literaturklassiker anzufertigen, die ohne Bibel und Bibelbezüge nie entstanden wären. Von Fjodor Dostojewskis Christus-Metapher »Der Idiot« bis zu Thomas Manns »Joseph und seine Brüder« oder seinem »Zauberberg«, wo am Ende ausgerechnet zwölf Kranke beim letzten Abendessen zu Tische sitzen. Von Lion Feuchtwangers »Jeftas Tochter« bis zu Stefan Heyms »König David Bericht«. Von Gerhard Hauptmanns »Der Narr in Christo Emmanuel Quint« und Joseph Roths »Hiob« bis zu Heinrich Bölls »Und sagte kein einziges Wort«. Von Gerald Messadies »Ein Mensch namens Jesus« über Per Olof Enquists »Lewis Reise« bis zu John Grishams »Die Farm«. Hunderte von Krimis und Thriller à la Dan Browns »Sakrileg« noch gar nicht mitgerechnet.

Na schön, aber das ist ja Hochkultur. Lesefutter für Arztwitwen und gutsituierte Schöngeister. Auf den Nachttischen von uns Normalsterblichen liegt doch eher – tja, was liegt denn da? Knapp drei Millionen Exemplare Hape Kerkeling »Ich bin dann mal weg«. Das meistverkaufte Reisetagebuch der letzten 25 Jahre handelt von der Gottsuche eines Fernseh-Komikers auf dem Pilgerweg zu »Sankt Jakob im Sternenfeld«, Santiago de Compostella. 14 Millionen Exemplare Ratgeberbücher von Anselm Grün. Der auflagenstärkste Ehe-Seelsorger Deutschlands ist ein ehelos lebender betagter Benediktinermönch aus Würzburg-Münsterschwarzach. Kurz: Es hat in den letzten zehn Jahren kaum eine Woche gegeben, in der nicht mindestens ein Buch mit biblisch-religiösem Bezug auf der Bestsellerliste stand.

Anschaulich werden

1897 wurde der Stummfilm erfunden und im gleichen Jahr entstanden nicht weniger als vier Jesus-Filme. 1927 nimmt der Tonfilm seinen Anfang, schon acht Jahre später spricht Jesus in »Das Kreuz von Golgatha« erstmals in der Filmgeschichte von der Leinwand herab zum Publikum.

Peter Ustinov gelang der Durchbruch zum Weltruhm 1951 in seiner Rolle als weinerlich-wahnsinniger Kaiser Nero im Apostel-Petrus-Drama »Quo Vadis«. Charlton Heston wurde 1956 als Moses in »Die Zehn Gebote« zum Weltstar. Pier Paolo Pasolini drehte 1964 den Klassiker »Das erste Evangelium Matthäus«, Franco Zeffirelli 1976 »Jesus von Nazareth«, Martin Scorcese 1988 »Die letzte Versuchung Christi«, Mel Gibson 2004 »Die Passion Christi« und Dallas Jenkins 2017 die ersten Staffeln der Netflix-Streaming-Serie »The Chosen« – ich überlasse es den Cineasten, die Liste all jener Spielfilme zu vervollständigen, die sich mit biblischen Geschichten oder christlich-jüdischen Stoffen beschäftigen (und an den Weihnachts- und Osterfeiertagen die TV-Kanäle in Dauerschleife füllen).

Und erst die Kunstgeschichte! Gehen Sie in die Eremitage in St. Petersburg, den Louvre in Paris, in die Alte Pinakothek in München, das Rijskmuseum in Amsterdam oder ins MoMa in Manhattan: Ohne die Gemälde, die biblische Personen und Ereignisse zeigen und deuten, wären diese Tempel der Hochkultur so beeindruckend wie Tapetenläden. Mit etlichen Königsporträts, Kriegsschlachten, Landschaften, einer Mona Lisa und einem Mädchen-mit-Perlenohrring, zugegeben, aber bis heute sind Malerinnen und Maler inspiriert von dem Bilderreichtum, der Symbolik und dem schier unerschöpflichen Reservoir psychologischer Metaphern, die die Bibel bietet.

Symbole verstehen

Wenn Fußballer sich bekreuzigen, bevor sie auf den Platz laufen, mag das nur der blasse (katholische) Rest davon sein, dass Menschen aller Religionen Gesten und Rituale praktizieren, mit denen sie höhere Mächte um Schutz oder Erfolg bitten.

Den Talisman um den Hals, die Babyschuhe am Innenspiegel des Autos, das Hufeisen am Kühlergrill oder irgendein persönlich wichtiges grafisches Symbol, das man sich auf den Arm tätowieren lässt, mag man »abergläubisch« finden. Aber dass auf bayerischen Dörfern »Kräuterbuschen« über die Stalltüren genagelt werden, die der Priester mit Weihwasser benetzt – das ist doch die christliche Version dieses Aberglaubens, oder?

Wenn Muslime 33 Perlen an einer Kette zwischen Daumen und Zeigefinger bewegen und dabei laut oder in Gedanken die 99 Namen Allahs im Koran aufsagen; wenn Katholiken die 58 Perlen des Rosenkranzes durch die Finger gleiten lassen und an jeder der fünf großen Perlen ein Vaterunser sprechen – dann ist weder die Gebetskette noch der Betende »heilig«. Aber die Symbolik – »ich bin mit Kopf und Herz Gott verbunden« – sollte man kennen und respektieren. Wenn sich jüdische Männer die Unterarme mit Riemen bandagieren, um damit kleine schwarze Döschen aus Leder zu befestigen, in denen Zettel mit einem Bibelzitat stecken – dann mag das befremdlich aussehen. Es ist aber ein buchstäblich »festes« Symbol der Erinnerung an die Befreiung aus Sklaverei.[2]

Was denken Passanten, wenn eine Regenbogenfahne vom Balkon hängt? »Hier wohnen Queere.« Oder deren Sympathisanten. »Gott hat einen Treuebund mit der Schöpfung geschlossen«, denkt kaum jemand mehr. Schade eigentlich?[3]

Musik genießen

»Kein Tach ohne Bach«, sagen norddeutsche Bildungsbürger. Ohne seine »Matthäuspassion« in der Karwoche vor Ostern, ohne die »H-Moll-Messe« und das »Weihnachtsoratorium« im Advent kommen eigentlich kaum ein Profi-Chor und kein Symphonieorchester durchs Jahr. Selbst, wer Bachs zahlreiche Kantaten und Choral-Vertonungen nicht kennt, wer weder Opern noch Orgel, weder Streichquartette noch Klavierkonzerte mag – das »Große Halleluja« aus Georg Friedrich Händels »Messias« ist mindestens so allgemeinbekannt wie Beethovens »Ode an die Freude«, die Hymne der Europäischen Union.
Irgendwie alle – von Renaissance über Barock bis zu Klassik, von der Romantik bis zur Moderne; Orlando di Lasso, Mozart, Mendelssohn-Bartholdy, Brahms, Haydn, Schubert, Schumann, Liszt, Grieg, Tschaikowsky, Chopin, Mahler, Bruckner, Dvorak, Sibelius – sie alle haben irgendwann »geistliche Musik« komponiert oder biblische Themen musikalisch verarbeitet. Würde eine Wellenchefin der Kulturprogramme öffentlich-rechtlicher Sender alle »sakralen« Werke streichen, müsste sie ganztägig Filmmusik spielen. Oder Lounge-Gesäusel aus der Spotify-Liste ... Der geniale Jahrhundert-Choreograph John Neumeier verdankt seinen Weltruhm u.a. der Tatsache, 1981 als Erster die »Matthäuspassion« in Ballett übersetzt zu haben. Und seither auch Händels »Messias« und Bachs »H-Moll-Messe« als erschütterndes Anti-Kriegs-Epos tanzen zu lassen: »Dona nobis pacem«.

Na gut, kann man einwenden, bis zur französischen Revolution 1789 wurde das allermeiste Komponieren und Musizie-

ren in Europa von Fürstenhöfen beauftragt und bezahlt. Oder für kirchliche Festtage direkt von den Herren Hochwürden bestellt. »Wes' Brot ich ess', des Lied ich sing'«?
Nicht im späten 20. Jahrhundert: Musical-Komponist Andrew Lloyd Webber und Songtexter Tim Rice verdanken ihren märchenhaften Reichtum – nein, nicht nur »Jesus Christ Superstar« von 1971. Vorher, 1968, hatten sie schon mal eine biblische Geschichte »musicalisiert«: »Joseph and the amazing technicolor dreamcoat.« Steht in Genesis 37, 23.
Völlig end- und uferlos wäre eine Liste all der Songs aus Pop- und Rockmusik, Jazz- und Blues, Rap und HipHop, die sich auf biblische Bilder und Zitate beziehen. Als Paul Simon und Art Garfunkel im Sommer 1964 ihre erste LP herausbrachten, besangen sie die Siegesfreude der Psalmen, die Geburt Jesu und den Segen des Aaron[4]; Bob Dylan schloss sich 1978 mit der Schöpfungserzählung, der goldenen Regel aus der Bergpredigt und der Hoffnung auf Jesu Wiederkehr an[5]; Bono von U2 hielt1980 die Hoffnung auf das verheißene Gottesreich aufrecht[6] – immerhin zwölf Jahre lang an jedem Sonn- und Feiertag konnte ich eine Live-Stunde Programm auf der Popwelle des (damaligen) SDR mit solchen Liedern füllen. Und da war »What if God was one of us« von Joan Osbourne noch gar kein Welthit.

Ja, das ist Kulturgut. Und nein, das kann nicht weg. Weil sie überall drinsteckt, die Bibel. Aber wer hat sie wann und warum überhaupt geschrieben?

KAPITEL 4

Wer schrieb zuerst was über Jesus?

Das fragte ich Schülerinnen und Schüler einer 11. Klasse. Jugendliche aus Dörfern in einem Landstrich, den man als »fromme Gegend« bezeichnen könnte. Häufigste Spontan-Nennung: »Er selbst vielleicht?«
Auch mehrmals genannt: »Nee, Moses, oder?«
Vorsichtige Schüler-Vermutung: »Derjenige, der vorne auf der Bibel draufsteht.«
Nachfrage: »Und wer wäre das?« Antwort: »Martin Luther.«

Will man im Internet Schwachsinn und Fake News von faktenbelegten Informationen unterscheiden, fragt man zuerst: Wer sagt das? Ist die Quelle seriös? Lässt sich das überprüfen? Wenn Menschen ab Jahrgang 1995, die sogenannten »Digital Natives«, dasselbe mit der Bibel machen, ist das nicht »bibelkritisch«, sondern völlig legitim. Also:
Jesus hat uns keine Zeile schriftlich hinterlassen. Na und? Sokrates auch nicht. Der lebte von 469 bis 399 v. Chr. in Athen und hat das europäische Denken, unser Menschen- und Welt-

bild, bis heute intensiv geprägt. Wie? Durch seine Schüler! Durch Platon z. B. oder Xenophon, der 30 Jahre nach dem Tod seines Lehrers das Buch »Erinnerungen an Sokrates« aufschrieb. Ein Grundlagentext der Philosophie.

Ähnlich bei Jesus aus Nazareth: 72 Frauen und Männer[1] – darunter eine Kerntruppe von zwölf »Jüngern«, später »Apostel« genannt[2] – die das, was Jesus auf Aramäisch (!) gesagt hatte, auf Hebräisch zitierten. Menschen, die seine Taten und Worte nach- und weitererzählten. Warum nur mündlich? Weil entweder sie selbst oder viele ihrer Zuhörer Analphabeten waren? Oder weil das orientalische Erzählen und das griechische Gespräche-Führen populärer waren als das einsame Schriftrollen-Studium? Oder verschriftlichten die Zeitzeugen nichts, weil sie seit Jesu Auferstehung mit seinem unmittelbar bevorstehenden Wiedererscheinen rechneten, einem wie auch immer gearteten Ende der Welt? Und daher meinten: »Bücher schreiben lohnt eh nicht mehr.«

Dann haben die Jesusjüngerinnen und -jünger also »Stille Post« gespielt?! Könnte man meinen. Dagegen spricht aber, wie »heilig«, wie verehrungs- und schutzwürdig ihnen die Worte ihres Meisters waren. Wenn heutzutage Historiker und Ethnologen die Geschichte von Volksgruppen erforschen, deren Sprachen nie alphabetisiert wurden und die demzufolge keine schriftlichen Dokumente haben – in Amazonien, Papua-Neuguinea, Zentralafrika – wird ihre »Oral History« trotzdem sehr ernst genommen. Die »Buchlosigkeit« dieser Kulturen spricht nicht gegen die Authentizität ihrer Überlieferung.

Die älteste Zeugenaussage aber macht einer, der gar nicht dabei war?! Stimmt. Die aber schriftlich.

Theologe Saulus hält für nötig, was heute islamistische Theokratien wie Afghanistan, Iran und Saudi-Arabien, kommunistische Diktaturen wie Nordkorea und China oder autokratische wie Russland oder Belarus immer noch machen: Abweichler ausmerzen! Schon bald nach Jesu Tod ist Saulus als brutaler Ketzerjäger gegen jesusgläubige Juden auf Verhaftungstour.[3] Kurz vor Damaskus macht ein greller Lichtblitz ihn blind, und er stürzt vor Schreck zu Boden. Er hört eine Stimme: »›Saul, Saul, warum verfolgst du mich?‹ Er fragt: ›Wer bist du, Herr?‹ Die Stimme antwortet: ›Ich bin Jesus, den du verfolgst‹.«[4]
Die sprichwörtlich gewordene Bekehrung »vom Saulus zum Paulus«, dem es »wie Schuppen von den Augen« fällt[5], als ihn ein Christ beherbergt[6], ein anderer ihn per Handauflegung heilt, ihn tauft und gesund pflegen lässt.[7] Paulus zieht sich drei Jahre nach Arabien zurück[8], wohnt zwei Wochen bei Jesusjünger Petrus in Jerusalem[9], trifft noch Jakobus, einen leiblichen Bruder von Jesus[10], aber: »Live« hat Paulus Jesus nie gesehen. Ein mit-erlebender Jünger des historisch-physisch-real herumwandernden Jesus war er nie. Er gibt das auch zu[11], schreibt aber an Menschen in Korinth, die nicht an die Auferstehung Jesu glauben: »Grundlegend ist: Christus ist für unsere Sünden gestorben, wie es in der Heiligen Schrift steht. Er wurde begraben und am dritten Tage auferweckt, wie es in der Heiligen Schrift steht. Er hat sich Kephas gezeigt[12], danach den Zwölfen, später zeigte er sich über fünfhundert Brüdern und Schwestern auf einmal. Die meisten sind noch am Leben, einige aber gestorben. Danach hat er sich Jakobus gezeigt, schließlich allen Aposteln. Ganz zuletzt hat er sich

auch mir gezeigt, als einem gleichsam Missratenen[13]. Ich bin der unwürdigste und verdiene nicht, Apostel genannt zu werden, denn ich habe die Gemeinde Gottes verfolgt.«[14] Diese Zeilen sind das älteste, zentralste Textdokument über Jesus, das wir haben. Ein Bekenntnis aus den frühen 50er-Jahren des 1. Jahrhunderts. Früher geschrieben als alle Texte, die von Zeitzeugen geschrieben wurden.

Welche »Heilige Schriften« Paulus meint, dazu später mehr. Wichtig für den Moment: Dem ältesten Bibeltext über Jesus geht es darum, der Lebendigkeit des Jesus von Nazareth zu vertrauen und seine Realpräsenz zu erfahren. Paulus zählt auf, wer den Auferstandenen alles gesehen habe – es ist unwahrscheinlich, dass fünfhundert Leute übereinstimmend lügen –, rechnet auch sein eigenes, objektiv ja nur »inneres Schauen« des Auferstandenen dazu und argumentiert im weiteren Verlauf des Briefes, warum das Bekenntnis zur Auferstehung grundlegend ist fürs Christsein. Keine Biografie, kein Zitatenschatz, keine literarische Bildergalerie aus Anekdötchen und Geschichtchen, keine Programmdebatte – einfach nur: Er ist erschienen!

Was bitte sind dann »Evangelisten«?

In den späten 60er-Jahren des 1. Jahrhunderts setzt sich ein Augenzeuge der Verhaftung Jesu[15], der zweisprachig aufgewachsene[16] Übersetzer der Predigten des Petrus[17] und zeitweilige Mitarbeiter des Paulus[18], Johannes Markus, hin. Er schreibt in einfachem Umgangsgriechisch auf, was Petrus predigte und was sonst noch so über das Leben, Leiden, Sterben und Auferstehen Jesu im Umlauf ist. Nach der Zerstörung Jerusalems

69/70 n. Chr. ergänzt ein gewisser Matthäus – wobei unklar ist, ob er der Jesusjünger Matthäus sein könnte[19] – den Umfang der Markus-Sammlung um fast das Doppelte. Er fügt Ansprachen, Sinnsprüche, Gleichnisse und Wundertaten Jesu sowie kurze eigene Erklärungen jüdischer Gepflogenheiten hinzu. Woher er das hat? Die Damen und Herren Forscher sagen: aus »Sondergut«, das vor allem mündlich im Umlauf war. Und aus einer Sammlung von Jesussprüchen, die sie »Quelle Q« nennen. Zusammen ein Zettelkasten, könnte man sagen, aus dem Matthäus seine Erzählung zusammenfügt.

In den 80er-Jahren verfasst danach ein zeitweiliger Reisebegleiter des Paulus[20], der Arzt und Schriftsteller Lukas, in stilsicher schönem Griechisch einen brillanten Zweiteiler: Die Jesusgeschichten und die Apostelgeschichten. »Erinnerungen der Apostel« soll diese Textsammlung heißen, meint Bischof Justinus noch 165 n. Chr.[21] Die Anspielung auf Sokrates ist mehr als deutlich. Aber da hat sich schon ein völlig neuer Gattungsbegriff für diese Art von Texten durchgesetzt: »Evangelien«. Vom griechischen »Eu-Angelion«, gute Nachricht, frohe Botschaft. – Ergänzt und subtil weitergedacht wird das Bisherige dann von einem vierten »Evangelisten«, dem Verfasser des Johannes-Evangeliums, das zwischen 90 und 120 n. Chr. entsteht.

Woher will man eigentlich wissen, wann etwas geschrieben wurde?

Gegenstände, Fundstücke, Artefakte und Texte, die in Stein gemeißelt oder in Tontafeln geritzt wurden, können Archäologen im Labor nach der Radiokarbon-C-14-Methode analysieren, indem sie die Kohlenstoff-Isotope nach der jeweiligen

Halbwertzeit von 5.730 Jahren zählen. Wurde auf Leder, Leinwand oder Papyrus geschrieben, ist das Alter des Trägermaterials manchmal gut zu bestimmen, manchmal aber auch nicht. Noch lesbar erhaltene Kopien späterer Zeit muss man von ihren Inhalten her identifizieren: Aus Textstellen, die datierbare Personen und Umstände als Grund der Handlung nennen[22] oder aus Textstellen, die man mit anderen Quellen vergleichen kann: Von der Zerstörung des Tempels 69/70 n. Chr. hat Markus noch keine Ahnung, Matthäus weiß aber, dass »kein Stein auf dem anderen blieb« und Jesus dies vorausgesagt hatte[23]. Andere Textstellen beziehen sich z. B. auf die Christenverfolgung Kaiser Domitians 96 n. Chr.[24] oder setzen die Trennung jesusgläubiger Juden von der Synagoge schon voraus.[25] Die Abfassungszeit vieler *Briefe* im Neuen Testament lässt sich leichter datieren als die der Evangelien. Weil sie Absender, Empfänger und Grußlisten enthalten: Die Eheleute Aquila und Priscilla zum Beispiel wurden 47 n. Chr. als Juden aus Rom ausgewiesen.[26] Sie kehrten aber, wie viele Vertriebene, nach dem Tod des Kaisers Claudius im Jahre 54 n. Chr. in ihre Heimatstadt zurück. Wenn Paulus die beiden in ihrer Hausgemeinde in Rom herzlich grüßt[27], darf man annehmen, dass der Römerbrief etwa Mitte bis Ende der 50er-Jahre verfasst wurde.

Hat denn jemand irgendein Originaldokument in der Museumsvitrine?

Nein. Kein Museum der Welt. Aber es gibt etliche Tausend mehr oder weniger bruchstückhafte Abschriften (und Abschriften dieser Abschriften); in der Wissenschaft werden sie als »Papyri« mit dem Namen ihres Fundortes oder dem ihres Besitzers gekennzeichnet (z. B. der »Aleppo-Papyrus«, »Sassoon-«, »Chester-Beatty-« oder »Bodmer-Papyrus«). Fans alter Straßenkreuzer sagen ehrfurchtsvoll: »Guck mal, die 53er-Chevrolet Corvette!« Weinkenner schlürfen genüsslich »einen 96er-Margaux!« Theologen kriegen feuchte Augen bei »der P 52 Grenfell«! So heißt das älteste Fragment einer Evangelien-Abschrift.

Der Zettel – 8,9 x 5,8 cm groß – wurde vom englischen Archäologen J. Grenfell 1924 entdeckt und von Kollege C.H. Roberts 1934 entziffert. Er enthält fünf Verse aus dem 18. Kapitel des Johannes-Evangeliums: Jesus antwortet Pilatus im Prozess vor seiner Kreuzigung. Mit Hilfe der Radiocarbon-C14-Methode wird »P 52 Grenfell« von Fachleuten auf die Zeit zwischen 100 und 125 n. Chr. datiert. Es könnte ein Teil der ersten Abschriften des Originals sein, das ist sensationell.[28]

Aber: Mehrheitlich stammen alle in den Museen der Welt verstreuten Dokumente erst aus dem 4. Jahrhundert oder noch späterer Zeit.

Warum gibt's nur späte Kopien? Weil zuerst Kaiser Nero 64 n. Chr., dann Domitian 96 n. Chr., später Decius, Valerian und zuletzt Diokletian von 248 bis 305 n. Chr. die »jüdische Nazoräer-Sekte« blutig verfolgen und ihre vereinzelt vorhandenen »heiligen« Texte verbrennen lassen. Als sich Kaiser Konstantin 313 n. Chr. dem Jesusglauben zuwendet, ihn aktiv fördert und 380 n. Chr. unter Kaiser Theodosius das Christentum römische Staatsreligion wird, dreht sich das um: Es entsteht eine sprunghafte Nachfrage! Tausende Kopisten in riesigen Schreibstuben, den »Skriptorien«, schreiben die noch erhaltenen Evangelien und Briefe ab oder notieren sie nach Diktat. Das machen in den entstehenden Klöstern vor allem Mönche und erst ab 1440 haben handschriftliche Kopiererei und Sehnenscheidenentzündungen ein Ende: Johannes Gutenberg erfindet den Buchdruck mit beweglichen Lettern.

Sind den Mönchen und Kopisten dabei nie Sicht- oder Hörfehler unterlaufen? Doch, vermutlich schon. Aber auch hier gilt: Ihre Ehrfurcht vor der »Heiligkeit« des Evangeliums hat diese Vorleser und Abschreiber zu extrem zwanghaften Perfektionisten gemacht. Korinthenkacker der ganz feinen Art, würden wir heute sagen, echte Ameisentätowierer.
Ein Beispiel aus dem hebräischen Teil der Bibel, dem »Alten Testament«: Von 1947 bis 1949 fand man in den Höhlen von Qumran im Westjordanland Papyrus- und Lederrollen mit Jesaja-Texten. Prophet Jesaja lebte etwa um 700 vor (!) Christus; die bis dahin älteste bekannte Fassung seiner Schriften stammte aus der Zeit um 980 nach (!) Christus. Jetzt plötzlich also Rollen in Tonkrügen aus der Zeit um 100 n. Chr. Und? Eine unfassbare Übereinstimmung der Abschriften. Keine nennenswerten Abweichungen über 1.000 Jahre Kopiererei hinweg![29] Als man den erwähnten »Grenfell-Roberts P 52«-Schnipsel des Johannes-Evangeliums von 100 n. Chr. mit den Kopien derselben Verse aus späteren Jahrhunderten verglich – gab es nur ein einziges anders wiederholtes Wort. Zum Vergleich: Die acht Bände »De Bello Gallico« von Julius Caesar aus den Jahren 50/51 *vor* Christus – mit so was werden Schüler im Latein-Leistungskurs gequält – liegen der Vatikanbibliothek in Rom und der Nationalbibliothek in Paris in nur

zehn Abschriften aus dem 9. und dem 14. Jahrhundert vor. Und diese weichen erheblich voneinander ab. Man kann nicht sagen, Jesus sei besser dokumentiert als Caesar, aber man darf sagen: Caesars Schriften sind uns schlechter überliefert als die Evangelien.

Gibt's denn wenigstens Zeugen dafür, dass es die Schriftsteller gab? Ja. Superinteressante Typen sogar. Darf ich vorstellen: Ein gewisser »Papias von Hierapolis« zum Beispiel, geboren etwa 70 n. Chr., wohnhaft in einer südwesttürkischen Heilquellen-Stadt, die heute Pamukkale heißt, verfasste »Fünf Bücher Darstellung der Herrnworte« und sagte auch, warum: »*Markus* hat die Worte und Taten des Herrn, an die er sich als *Dolmetscher des Petrus* erinnerte, genau aufgeschrieben. Allerdings nicht ordnungsgemäß als zusammenhängende Reden des Herrn. Dennoch trug er Sorge, nichts auszulassen oder sich im Bericht keiner Lüge schuldig zu machen. *Matthäus* hat die Reden Jesu in hebräischer Sprache zusammengestellt. Ein jeder aber *übersetzte* dieselben, *so gut er konnte.*«[30]
Witzig, wie wenig sich in 2.000 Jahren ändert. So klingen Klappentexte und Vorworte heute noch: Man würdigt die bisherigen Bücher der Kollegen, verneigt sich vor ihrer Aufrichtigkeit, meckert ein bisschen an Aufbau und Stil herum und begründet damit die Notwendigkeit des eigenen Werks. Mir als Radiojournalisten ist Papias aus Bad Hierapolis sowieso sympathisch. Er verweist lieber auf eigene O-Töne als auf Mitschriften und Redenotizen:»Ich erkundigte mich nach den Lehren der Älteren. Was hat Andreas, Petrus, was haben Philippus oder Thomas oder Aristion oder der Presbyter Johannes, ebenfalls

Jünger des Herrn, gesagt? Ich war nämlich der Ansicht, dass die aus Büchern stammenden Berichte mir nicht so viel nützen würden wie die Berichte der lebendigen Stimme.«[31]

Da stecken drei Knallerfragen drin:
1. Wenn Papias den »Büchern« von Markus und Matthäus wegen ihrer mangelnden Chronologie und ihrer Übersetzungsschwächen *weniger Autorität* zugesteht *als den »lebendigen Stimmen«* – hat er dann einen der genannten Jesusjünger noch persönlich kennengelernt?
2. Ist der »Presbyter« (heute: Vorstand, Kirchengemeinderat) Johannes tatsächlich der »Jesusjünger« Johannes und der Autor des Johannes-Evangeliums oder sind das drei verschiedene Leute?
3. Wenn ein Aristion als »Jünger des Herrn« bezeichnet wird, warum taucht er dann in der Liste der zwölf Apostel nicht auf?[32] Oder gehörte er zum Kreis der 72 Männer und Frauen um Jesus?[33]
Frage 3 bleibt offen. Frage 2 beantwortet Papias selbst: Ja, der Jünger Johannes war Gemeindeleiter in Smyrna – dem heutigen Izmir – und schrieb das vierte der Evangelien. Er sei also ein und derselbe Johannes. Außerdem habe Jesusjünger Philippus[34] seinen Lebensabend in Hierapolis verbracht – klar, warme Quellen, kühle Bergluft – und seine zwei dort lebenden Töchter hätten ihm, Papias, alles erzählt.[35]

Für Frage 1 gehen wir nach Lugdunum in Gallien. Ins heutige Lyon, zu einem gewissen Irenäus. Der schreibt: *»Jesusjünger Johannes hat* in Smyrna den Papias von Hierapolis *unterrichtet …«*[36]

Was zeitlich hinkommt, wenn der Lehrer über 75 und sein Schüler unter 25 ist. Familien aus diskriminierten Minderheiten kennen sich meist untereinander, halten zusammen. Das ist heute so und dürfte im antiken Izmir nicht anders gewesen sein. Als Kind hatte Papias einen gleichaltrigen Freund, den netten Polykarp, geboren 69 oder 71 n. Chr. Über den wiederum sagt Irenäus: »Jesusjünger Johannes hat den Polykarp zum Bischof eingesetzt. Polykarp hat mit vielen gesprochen, welche Christus gesehen haben.«[37]
Hm. Wie alt müssen die geworden sein, »die Christus noch gesehen haben«, wenn ein Mensch, Jahrgang 69 n. Chr., als Erwachsener mit ihnen gesprochen hat? Und wie alt waren diese Augenzeugen, als Jesus im Jahr 33 n. Chr. gekreuzigt wurde? Diesen Polykarp jedenfalls habe er, Irenäus, selbst noch kennengelernt. Was zeitlich ebenfalls hinkommt: Irenäus ist 125 n. Chr. geboren und Polykarp 155 n. Chr. in Rom gestorben. Genauer: im Circus Maximus in Rom verbrannt worden.[38]

Wie viele Stationen braucht man, um an »historische O-Töne« zu kommen? Das frage ich mich bei jeder Recherche. Wer ist die »Primärquelle«, der »Direkteste«, mit dem ich reden sollte? Alle Vergleiche hinken irgendwie, aber um ein modernes Beispiel zu nennen: Zwischen mir und dem Untergang der »Titanic« liegt eine einzige Station!
Am 15. April 1912 rammte der Luxusliner auf der Fahrt nach New York einen Eisberg im Nordatlantik und sank. Zum 50. Jahrestag des Untergangs, im April 1962, erzählte der Passagier Alfred Nourney aus Bad Honnef im Süddeutschen Rundfunk, wie das so war im eiskalten Wasser unter schreienden

Ertrinkenden. Wie und warum er eine der größten Katastrophen der Schifffahrtsgeschichte überlebt hatte.
Ich kam 1986 ins Stuttgarter Funkhaus. Meine Live-Sendereihe wurde meist von einer Technikerin betreut, die das Nourney-Interview damals aufgenommen hatte. Über 110 Jahre Abstand zum Ereignis! Aber ich kenne eine, die kannte einen, der von der Titanic sprang.
»Na und?«, kann man einwenden, »das beweist gar nichts.«
Stimmt. Zeitzeugenschaft ist noch kein Wahrheitsbeweis. Aber, sorry: Näher als Jesus von Nazareth sind wir Sokrates und Homer und Seneca und sonst wem aus der Antike auch nicht gekommen. Es gab zu Jesu Zeiten keine Mikrofone, keine Kameras und demzufolge keine O-Ton-Dokumentation. Aber Federkiel und Papier für die Nachfahren der Augenzeugen.
Diese Jesusgeschichten, erzählt von meist unbekannten Marktplatzpredigern, diese Dokumente mit schwer nachweisbarer Herkunft und Geschichte, die sollen für mich »heiliges Wort Gottes« sein? »Absolut zuverlässig in Glaubens- und Lebensfragen«?[39]
Ja. Für mich sind sie das. Vertrauen kann man nicht müssen, man muss es wollen. Weil ich glaube, »dass sich Gott aus Liebe zu uns Menschen entschieden hat, sein Wort geschichtlichen Prozessen und menschlichen Hirnen, Herzen und Händen zu unterwerfen, es aber nicht trotzdem, sondern gerade deshalb als zeitlos gültig bestätigt hat.«[40] So ein vorschussvertrauendes »Glaubenwollen« muss nicht völlig aus der Luft gegriffen sein, sondern hat ernst zu nehmende Anhaltspunkte in der Geschichte.

Insofern fand ich die beste Schülerantwort auf meine Ausgangsfrage: »Eigentlich Gott selbst. Der schrieb zuerst was über Jesus.«

KAPITEL 5

Soll ich das wörtlich nehmen?

Frage ich mich. Beim zweiten Umrunden eines Krankenhauses in der Innenstadt. *Ein* Krankenhaus? Schön wär's. Es sind sieben Gebäude auf einem Gelände mit fünf Straßen. Eher Nebensträßchen. Alle zugeparkt. Trotz vieler Halteverbote, Parkverbote, Einfahrtverbote, ergänzt oder eingeschränkt von Sonder- und Ausnahmeregeln, Wochentags-Nennungen, Uhrzeiten, Privilegien für Anwohner sowie Warnhinweisen für Radfahrer. *Lesen* kann ich diese Schildergalerie gut und ausführlich. Ich fahre ja Schritttempo und bereits mehrmals dran vorbei. Aber außer mir hält sich offenbar niemand dran.
Leider wird die Besuchszeit bald zu Ende sein.
Die Krankhaushäuser haben Einfahrten für Rettungsfahrzeuge, Anlieferer und Personal. Auf dem Gelände gibt es Parkplätze, doch, doch: für Behinderte, Frauen, Ärzte, Lieferanten und Kurzparker. Für mich gibt es keinen.
Schluss jetzt, ich nehme die Vorschriften *nicht* wörtlich und stelle die Karre auf einen Frauenparkplatz. Geschlechter-Identität soll ja fluide sein, hab' ich gelesen.

»Solange Himmel und Erde bestehen, wird im Gesetz kein einziger Buchstabe und kein Satzzeichen gestrichen werden. Alles muss geschehen, was Gott geboten und verheißen hat«[1], sagt Jesus in der Bergpredigt. Deshalb möchten manche Christinnen und Christen »alles« wörtlich befolgen, was in der Bibel steht. Oder meinen, es »wörtlich« befolgen zu müssen.

»Nimm's einfach wörtlich!« – das sagt im Lukas-Evangelium *der Teufel* zu Jesus: Wenn Gott seinen Engeln befohlen hat, dich zu bewahren, kannst du dich ja vom Tempeldach stürzen![2] Jesus verweigert den Suizidversuch mit Hinweis auf ein Gebot aus dem mosaischen Gesetz: Stelle Gott nicht mit Blödsinn auf die Probe![3] Was zweierlei beweist: Bibelverse können zwar wörtlich genommen, aber gegen ihre Absicht missbraucht werden. Und: Das *eine* »heilige Wort der Schrift« kann durchaus *gegen ein anderes* stehen.

»Während ich dies schreibe, habe ich einen Bart, mit dem ich aussehe wie Mose. Oder wie Abe Lincoln. Es ist kein gepflegter Bart, sondern ein Gestrüpp. Ich habe für diesen Bart gelitten, er hat sich in Jackenreißverschlüssen verfangen. Drei Mal wöchentlich fällt der Name ›ZZ Top‹. Auf der Straße hat jemand ›Hey, Gandalf!‹ gerufen. Mein Bart hat Cappuccinoschaum und Linsensuppe großzügig Asyl gewährt«, schreibt A.J. Jacobs, renommierter Journalist der Washington Post und New York Times. »Er ist das auffälligste körperliche Merkmal meiner einjährigen spirituellen Reise. Mein Ziel: Die Gesetze der Bibel wörtlich zu befolgen. Meinen Nächsten zu lieben, den Zehnten zu spenden, Ehebrecherinnen zu steinigen und meinen Bart nicht mehr zu stutzen (3. Mose 19,27).«[4]

So lächerlich, wie sein Experiment auf den ersten Blick wirkt, war es keineswegs, denn: Arnold Jacobs reiste zu den Amish-Gläubigen in Kentucky, zu bibeltreuen Kreationisten im Mittleren Westen, zu ultraorthodoxen Juden in Jerusalem und charismatischen Juden in Crown Heights/Brooklyn. Er befragte führende Zeugen Jehovas an der Ostküste und evangelikale Megachurch-Prediger im tiefen Süden. Als Supervisoren seines – psychologisch nicht harmlosen – Selbstversuchs kontrollierten und kommentierten ihn ein katholischer Priester, ein evangelischer Pfarrer und ein Rabbi.

»Ich stamme aus einer ausgesprochen weltlichen jüdischen New Yorker Familie. Ich war Agnostiker, lange bevor ich wusste, was das Wort bedeutet. Das Wort ›Herr‹ nehme ich nur in Kombination mit ›der Ringe‹ in den Mund.

Nun besagt aber das Prinzip der kognitiven Dissonanz, dass sich die Überzeugungen eines Menschen früher oder später seinem Verhalten anpassen. Wenn ich mich monatelang wie ein gläubiger, Gott liebender Mensch *verhalte* – *werde* ich dann irgendwann ein gläubiger, Gott liebender Mensch?«[5] Das ist die Ausgangsfrage.

Arnold Jacobs »züchtigt« seinen zweijährigen Sohn[6], allerdings mit einem Schaumstoffschläger. (»Jasper lacht sich kaputt«). Er verbringt zu Hause sieben Abende kauernd auf einem Kinderbänkchen, weil auf allen Sitzmöbeln der Wohnung schon seine Frau gesessen hat – während ihrer Monatsblutung.[7] (»Fürs Büro schickte mir unsere Fotoredakteurin eine E-Mail mit ihrem Menstruationskalender. Sie fragte allen Ernstes, ob ich den auch als Exceltabelle haben wolle.«) Arnold Jacobs lässt

Kieselsteine auf die Schuhe eines Mietwagen-Filialisten fallen, der am Sabbat arbeitet. »Es war die wahrscheinlich höflichste Steinigung der Geschichte.«[8]
Sein erstaunliches Fazit nach 13 Monaten »Biblifizierung« von Körper und Seele? »Ich hatte keine Ahnung, dass ich eines Tages auf die Bibel trauen und mich an ihr freuen würde, wie es in den Psalmen heißt. Wie kann es sein, dass in ein und demselben Buch extrem fortschrittliche Regeln – und ganz und gar groteske Vorschriften zu finden sind? Manchmal auf derselben Seite! Das Verbot, Textilien aus Wolle-Leinen-Gemisch zu tragen, kommt gleich nach dem Gebot der Nächstenliebe! Aber: Ich habe im Gebet Trost gefunden. Mir wird klar, wie sehr meine Geisteshaltung sich verändert hat. Ich bin nach wie vor Agnostiker. Wenn auch ein frommer Agnostiker. Ich glaube, dass manche Dinge heilig sind. Das Leben ist heilig. Der Sabbat kann heilig sein. Das Gebet kann ein heiliges Ritual sein. Es gibt etwas Transzendentes, das über den schnöden Alltag hinausreicht.«[9]

Christinnen und Christen würden etliche dieser Sätze unterschreiben, aber konkreter sagen: Ja, »Liebe Gott von ganzem Herzen, ganzer Seele und ganzer Kraft und deinen Nächsten wie dich selbst«[10] – das ist mein persönliches Leitmotiv, immerhin hat Jesus selbst diesen Satz als die zutreffendste Zusammenfassung der Heiligen Schriften bestätigt.[11] Obendrein glaube ich daran, dass Jesus »das Gesetz nicht aufgelöst, sondern erfüllt *hat*«[12], sogar stellvertretend *für mich* erfüllt hat – und deshalb darf ich mir fröhliche Unkenntnis der 613 Ge- und Verbote des jüdischen Gesetzes leisten.[13]

Aber gilt das auch für den »christlichen Teil« der Bibel, für das Neue Testament?
Fragt man in Kirchen und Gemeinden genauer nach, hat jede und jeder auch im Neuen Testament für sich persönlich biblische Ge- und Verbote sortiert, unterschieden, gewichtet oder faktisch verworfen. Aber kaum jemand gibt sich Rechenschaft darüber, *warum, nach welchen Kriterien* er gewichtet, sortiert oder ignoriert hat! Zum Glück unterscheiden einige Bibeltexte das schon selbst: »Bring mir meinen Mantel mit, wenn du kommst. Ich hab' ihn in Troas bei Karpus zurückgelassen«, schreibt Paulus an seinen jungen Mitarbeiter Timotheus.[14] Dieses »heilige Wort der Schrift« muss niemand mehr befolgen: Karpus ist tot und der Mantel hängt da nicht mehr.

Aber fangen wir mal sehr einfach an: Durch wortwörtliches, praktisches Befolgen mancher Weisungen des Neuen Testaments würde man zunächst ein schwerbehinderter Mensch: »Wenn dich dein rechtes Auge zum Bösen verleitet, reiß' es aus und wirf es weg. Oder deine rechte Hand – schlag sie ab.«[15] Hat Jesus gesagt! Hat aber hoffentlich noch niemand gemacht. Wäre ja auch sinnlos. Das verbliebene linke Auge könnte immer noch bösartig lüstern gucken. Und ein Profikiller könnte auch »mit links« jemanden ermorden. Kirchenvater Origenes (185-234 n. Chr.) soll sich angeblich selbst kastriert haben, »um ganz für das Himmelreich da zu sein«[16], aber Theologen und Historiker halten das für eine Legende.[17] Nein, dass Jesus nicht zur Selbstverstümmelung aufrief, sondern ein rhetorisch drastisches Bildwort gegen die Versuchung zum Bösen benutzte, ist allen klar.

Ein Bildwort, wie seine Nachfolger im Kampf gegen das Böse bewahrt bleiben können, klingt so: »Ich habe euch die Vollmacht gegeben, auf Schlangen und Skorpione zu treten. Die ganze Macht des Feindes könnt ihr überwinden. Nichts, aber auch gar nichts davon kann euch etwas anhaben.«[18]
Pfingstprediger George Went Hensley vom Freikirchenbund der »Church of God« aus Cleveland/Tennessee begann in den 1940er-Jahren, giftige Klapperschlangen und Ottern im Gottesdienst herumzureichen. Als zweifachen »Vollmachts-Test« sozusagen: Wirst du nicht gebissen, ist dein Glaube stark. Wirst du gebissen, stirbst du als gehorsamer Prüfungskandidat, geheiligt und selig. Dieses Schicksal ereilte Herrn Hensley im Gottesdienst 1955. Aber rund 40 dörfliche Gemeinden in den USA praktizieren den Reptilientest bis heute. In Alabama, Kentucky und Tennessee ist er verboten, in West Virginia erlaubt. Der letzte christliche Schlangenbeschwörer, John David Brock, starb im Juli 2015.[19]

Wortwörtliches Befolgenwollen der Schrift kann den Tod bringen – oder eine Erwähnung im baden-württembergischen Verfassungsschutzbericht: 2023 schrieb in Pforzheim ein 26-jähriger junger Prediger namens Anselm Urban auf der Webseite seiner Gemeinde: »Ich und wir als Baptistenkirche glauben, dass Homos mit der Todesstrafe bestraft werden sollten. Aufgrund der eindeutigen Aussage in 3. Mose 20,13.[20] Aber die deutsche Gesetzgebung ist ja von Tunten-Politik beeinflusst und schränkt die Religionsfreiheit ein.«
Wie bitte?? Empört erstattete eine evangelische Pfarrerin Strafanzeige wegen Volksverhetzung.

Der »Bund evangelisch-freikirchlicher Gemeinden« und die »normale« Pforzheimer Baptistengemeinde beeilten sich mitzuteilen, dass Urbans Gruppierung nicht zu ihnen gehöre und jeder Dödel den Namen »Baptist« benutzen könne. Anselm Urban setzte sich nach Tempe/Arizona ab, einen Vorort von Phoenix, wo sein Vorbild Pastor Steven Anderson schon 2009 in seiner Gemeinde öffentlich für den Tod von Barack Obama gebetet hatte. Als am 12. Juni 2016 in Orlando/Florida der muslimische Terrorist Omar Matee die Diskothek »Pulse« überfiel, 49 Gäste tötete und 53 schwer verletzte, darunter viele homosexuelle Menschen, verhöhnte Anderson die Opfer und Hinterbliebenen.[21] Sein deutscher Gast Anselm Urban wird vermutlich erst mal länger bleiben, denn: Am 22.6.2023 erklärte die Präsidentin des Landesamtes für Verfassungsschutz Baden-Württemberg, Beate Bube, dem Stuttgarter Landtag, warum sie ein winziges Grüppchen Pforzheimer Schwulenhasser beobachten lässt: Religiöse Fanatiker radikalisieren sich leicht. Und den Worten können Taten folgen.[22]

Na ja, könnte man abwiegeln, zum Glück bezogen sich Urbans Gewaltfantasien ja nur aufs »Alte«, aufs »Erste Testament«, die Heilige Schrift des Judentums. Stimmt aber nicht: »Männer treiben es schamlos mit Männern. So empfangen sie am eigenen Leib den gebührenden Lohn für ihre Verirrung ... Dabei kennen sie Gottes Rechtsordnung und wissen: Wer so handelt, verdient den Tod.«[23]

Das schrieb der Apostel Paulus der Christengemeinde in Rom und bezog sich darin ausdrücklich auf die Thora, das mosaische Gesetz. Paulus ist nicht irgendwer und der Römerbrief gehört zum Eingemachten aller christlichen Bekenntnisschriften. Noch 1996 schrieb die Evangelische Kirche Deutschlands, EKD, in einer »Orientierungshilfe«, dass »nach biblischen Aussagen die homosexuelle Praxis dem Willen Gottes widerspricht«[24]. Heute gilt das offiziell nicht mehr als »Hilfe« zum Orientieren.

Der Streit, welche LGBTQ-Leute Paulus vor Augen gehabt haben mag und ob man – dem Leben und der Lehre Jesu folgend – solche paulinischen Verdammnisse wörtlich nehmen muss, dieser Streit hat seit etwa 50 Jahren meterweise Regalbretter, ach was, Schrankwände mit Fachbüchern befüllt.
Die konnten offenbar nicht verhindern, dass sehr viel Meinung bei sehr wenig Ahnung unterwegs ist. Und unendlich viel menschliche Verletzungen, Familiendramen und Gemeindespaltungen verursacht wurden.
Die persönliche Verletzung lautet, explizit oder unausgesprochen: Tja, mag ja sein, dass Homosexualität eine genetische Variante ist. Wie weiße oder schwarze Haut oder asiatische Lidfalte. Dann kannste nix dafür und wir, nun ja, respektieren das. Aber Sünde isses trotzdem. Also praktiziere es bitte nicht.[25]
Der Vorwurf an die Familie schwebt dröhnend laut verschwiegen so im Raum: Vielleicht haben deine Eltern irgendwas falsch gemacht. Wenn's keine genetische Variante ist, dann isses sozial erlernt. In der Kindheit erworben, wie die Muttersprache. Aber »sprich« sie bitte bei uns nicht, sondern lern' ein paar Brocken Hetero, ja?
Die Gemeindespaltung kommt als Einigungsbemühen daher: »Wir können alles Mögliche tolerieren. Außer Segen für Schwule.«

Kern- und Grundsatz-Fragen, die 1.000 Jahre lang die Orthodoxen und Katholiken, 500 Jahre lang die Reformierten und Lutheraner, 400 Jahre lang die Methodisten, Baptisten, Mennoniten, Quäker und Pfingstler beschäftigten und voneinander trennten (!) – die Trinität Gottes, der Kreuzestod Jesu, der Auferstehungsglaube, die Rolle der Geistesgaben, die Amtsautorität der Priester, die Säuglings- oder Gläubigentaufe, die Zugehörigkeit zur Gemeinde, das Abendmahl, die Beichte, der Gottesdienst – sind schlagartig weder Bekenntnisfragen noch Unterscheidungsmerkmal! Alles wurscht, alles marginal! Die neue Gretchenfrage der Rechtgläubigkeit lautet: »Segnet und traut ihr gleichgeschlechtliche Paare? Dürfen LGBTQ'ler bei euch mitarbeiten?« Daran, und nur noch daran, entscheide sich Wachstum oder Schrumpfung von Gemeinden.

Verweisen die Abgelehnten dann darauf, dass derselbe Paulus gesagt hat: »Ihr seid alle Kinder Gottes, weil ihr durch den Glauben mit Christus verbunden seid. Ihr habt in der Taufe Christus angezogen und durch sie gehört ihr nun zu ihm. Es spielt keine Rolle mehr, ob ihr Juden seid oder Griechen, Sklaven oder freie Menschen, Männer oder Frauen, denn durch eure Verbindung zu Christus Jesus seid ihr alle wie ein Mensch geworden«[26] – dann ist ein Bibelvers-Battle eröffnet, die Praxis einer »Pick-and-choose-Mentalität und selektive(n) Bibeltreue«[27], die erfahrungsgemäß in abseitiges Sektierertum führt, den christlichen Glauben in Verruf bringt, vor allem aber: Schwule, lesbische und Transmenschen verbittern lässt.

Warum? Weil die wenigstens den Mut aufbringen, klipp und klar zu sagen, warum und nach welchen Kriterien sie – wohlgemerkt neutestamentliche! – Weisungen befolgen oder eben nicht befolgen. Was ihrer Meinung und Gewissensentscheidung nach (!) *zeitlos* gültig ist, heute noch angewendet werden kann und was uns schlichtweg *nicht* mehr betrifft.

Das Kopftuchgebot für Frauen im Gottesdienst zum Beispiel[28], ihr Rede- und Bildungsverbot[29].

Um so erfreulicher, wenn das Theologen dann doch tun, die an dezidiert »konservativen«, als »bibeltreu« etikettierten Hochschulen unterrichten: »Gegen ein Verständnis, wonach die ganze Bibel wörtlich befolgt werden muss, hat sich Armin Baum, Professor für Neues Testament an der evangelikalen ›Freien Theologischen Hochschule‹ in Gießen gewandt. Viele Anweisungen, etwa, dass Männer kurze Haare tragen, beim Beten die Hände heben und Frauen ihren Kopf bedecken müssten, hätten ihre Verankerung in der damaligen Kultur.«[30]

Eine Binsenweisheit, eigentlich. Aber immer dann wieder aktuell, wenn neue Generationen von Bibellesenden in politische, kulturelle oder kirchliche Führungspositionen kommen. Und halt nicht wissen können oder glauben wollen, was schon vor rund 50 Jahren der große Protestant Heinz Zahrnt sagte: »Gott sei Dank hat Gott nicht alles gesagt und getan, was in der Bibel über ihn geschrieben steht. Er hat den Menschen sein Wort gegeben. Nicht seine Wörter. Die stammen von Menschen. Darum sollen wir Gott zwar beim Wort, aber die Bibel um Gottes Willen nicht wörtlich nehmen!«[31]

KAPITEL 6

Hatte Eva einen Bauchnabel?

Fragte ich die Religionslehrerin einer »Freien christlichen Grundschule«.
Wo doch Eva aus der Rippe des Adam genommen wurde.[1]
Erschaffen, nicht geboren, also ohne Nabelschnur.
(Machos fragen: »Warum nur Rippe und nicht auch etwas Hirn?« Feministinnen antworten: »Gott wollte ja, aber er fand keins!«) Zum Glück nahm sie's humorvoll. Und erzählte von Kindern, die ähnliche Fragen stellen: »Konnte Adam sofort sprechen oder musste er das erst lernen?« »Aber von wem lernte er sprechen, ganz ohne Eltern?«
Die Lehrerin plädierte dafür, dass Adam und Eva zwei historisch datierbare Personen an einem geografisch konkreten Ort waren.
Einig waren wir uns darin, dass Kinder genau die Fragen stellen, die wir auch haben: nach der Historizität der Schöpfungserzählung, ihrer literarischen Aussage und Wahrheit, ihrer Absicht bei Abfassung und ihrer Wirkung bis heute. Wie bei der Geschichte von der Sintflut und Noahs schwimmendem Zoo.

Immerhin vom schwäbischen (katholischen) Landesvater Winfried Kretschmann hab' ich diesen hier:
Sitzen zwei Dinosaurier auf einer Anhöhe und schauen aufs Meer hinaus.
Am Horizont schippert gerade die Arche Noah davon.
»Scheiße, war das *heute??!*«
Tja, Pech.

Am 12. Februar 1809 wurde in England ein Junge geboren, der zunächst Theologie studierte und Pfarrer werden wollte. Mit 22 reist Charles nach Südamerika und entdeckt dort sein Interesse für Biologie. Er forscht jahrzehntelang über die Adaption, Selektion und Mutation von Lebewesen, traut sich aber 20 Jahre lang nicht, die Ergebnisse zu veröffentlichen. Erst als ihm sein Freund Alfred Russel Wallace aus Malaysia schreibt, was er dort – pleite und malariakrank – über ähnliche Themen herausgefunden hat, bringt 1859 Charles Darwin das Buch »Vom Ursprung der Arten« heraus.
In englischen Fachkreisen wird es zutreffend als »Darwin-Wallace-Theorie« diskutiert. Darwins These: Alle uns bekannten Lebewesen, auch der Mensch, haben sich aus einer erstaunlich kleinen Anzahl von Ur-Arten entwickelt, und zwar durch notwendige Anpassung, natürliche Auslese und zufällige Entwicklungsschübe. Und: Dieser Prozess ist immer noch im Gange. Sein Buch schließt mit den Worten: »Es liegt Größe in dieser Sicht des Lebens mit seinen Kräften, die anfangs durch den Schöpfer in einige wenige Formen hineingeatmet wurden und dass aus so einfachen Anfängen endlos schönste und wundervollste Formen entwickelt wurden und noch werden.«

So endet kein atheistisches Manifest. »Durch den Schöpfer hineingeatmet«, das trifft's irgendwie, finde ich. Alfred Wallace war sogar noch einen Schritt weiter gegangen und in diesem Punkt mit Darwin uneins: dass der Mensch seine Triebe kontrollieren und zwischen Gut und Böse unterscheiden könne, dass er zu selbstloser Nächstenliebe fähig und deshalb moralisch verantwortlich sei; diese Eigenschaften seien mit biologischen Prozessen allein nicht erklärbar.

Es wirke etwas im Menschen, »ob man es nun Gott oder göttlichen Geist nennen mag«.

Die »Darwin-Wallace-Theorie« empörte zunächst niemanden – Charles Darwin wurde 1882 ehrenvoll in der Londoner Westminster Abbey beigesetzt – aber einige glühende Verehrer vereinfachten und instrumentalisierten das Ganze zum Machtkampf zwischen Universität und Kirche, nannten es aber den Konflikt »zwischen Vernunft und Glaube«.[2] Ihre Scharfmacher-Sätze lauteten:

1. Gott als Schöpfer ist endgültig entthront, das Leben entsteht durch Anpassung, Notwendigkeit und Zufall. Die Bibel ist ein Märchenbuch.
2. Der Mensch ist nicht Gottes Ebenbild, sondern stammt vom Affen ab.
3. Der Tod ist niemandes Feind, sondern ein notwendiges Instrument zur natürlichen Auslese der Stärkeren.

Einen Etikettenschwindel schickte man gleich hinterher: Darwins Thesen seien eine »Evolutions-*Lehre*«. So, als wäre sie eine hieb- und stichfest bewiesene Dogmatik und nicht eine – durch Kritik und Forschung veränderbare – Theorie.

Darwins glühenden Verächter, die Autoren der »Fundamentals«-Hefte in den USA z. B., vereinfachten und polemisierten genauso katastrophal. Ihre Scharfmacher-Sätze:
1. Gott bleibt als Schöpfer inthronisiert, denn der Wortlaut der biblischen Genesistexte wird sich eines Tages als wissenschaftlich zutreffendes Naturkundeprotokoll beweisen lassen. Die Welt wurde in sechs Tagen à 24 Stunden erschaffen, höchstens in 6.000 Jahren[3], Menschen gibt's seit etwa 12.000 Jahren, und alle Tierarten waren bereits da, als der Mensch kam.
2. Die Würde des Menschen als Ebenbild Gottes steht und fällt damit, dass Adam und Eva historisch datierbare Figuren sind, sich also nicht erst zum Menschen entwickeln mussten.
3. Der Tod ist nicht Teil der Schöpfung, sondern einzig und allein die Schuld des Menschen.
Einen Etikettenschwindel schickten auch sie hier hinterher: Die biblische Genesis-Erzählung sei der »Schöpfungs-*Bericht*«. So, als hätte Mose mit dem Notizblock danebengestanden. Damit erwarben sich christliche »Fundamentalisten« das Zusatz-Etikett »Kreationisten« und gerieten in Konflikt mit den Ergebnissen aus 400 Jahren Archäologie, Geologie, Astronomie, Biologie, Zoologie, Anthropologie und Geschichtswissenschaft. Trotzdem erhoben (und erheben bis heute) finanzstark spendenfinanzierte Lobby-Stiftungen und -Organisationen den Anspruch, ihr Glaube müsse im Schulunterricht als wissenschaftlich gleichberechtigte Theorie gelehrt werden.[4]

Hand aufs Herz, der Streit schlummert in vielen von uns. Einerseits wissen wir: So, wie die Erschaffung der Arten in der Bibel beschrieben wird, kann sie ehrlicherweise nicht vonstattengegangen sein. Andrerseits wissen manche nicht so genau, ob man als gläubiger Mensch diesen Hergang einfach glauben muss oder wenigstens glauben sollte. Wenn man's muss, ist es kein Glaube, sondern erzwungene Kenntnisnahme. Und wenn man's sollte, dann wären Forschen und Dazulernen unmoralisch. Beides widerspräche dem Evangelium.

Schöner wär's, wenn gläubige Christinnen und Christen beim Bibellesen nicht das Denken aufgäben und aufgeklärte Denker beim Naturbetrachten nicht den Glauben.

Es gibt eine Kolibakterie, die hat einen Propeller von 30 Nanometer Durchmesser, d. h. etwa: 35.000 Stück nebeneinandergelegt ergeben einen Millimeter. Dieser Propeller dreht sich rund 50.000 mal pro Minute. Kreationisten sagen: Dass dies allein durch Zufall entstanden sein soll, ist so wahrscheinlich wie ein Orkan, der über einen Schrottplatz fegt, und aus den herumfliegenden Teilen fügt sich eine funktionierende Boeing 747 zusammen.[5]

Klingt lustig.

Nur: Wenn man ein Naturphänomen für so komplex und statistisch für dermaßen unwahrscheinlich hält, dass man sich keine andere Erklärung als einen Schöpfer vorstellen kann – dann macht man Gott zum »Lückenbüßer unserer Vorstellungskraft und unvollkommenen Erkenntnisse«, klagte schon Dietrich Bonhoeffer.[6] Dann ist Gott nur da, wo die Wissenschaft noch nicht hineingeleuchtet hat. Dabei waren es maßgeblich Christen, die seit dem Frühmittelalter in ihren Klöstern, Schulen und Universitäten Bildung förderten und Wissenschaft trieben.

Als Nikolaus Kopernikus 1543 sagte, nicht die Sonne gehe »auf und unter«, sondern die Erde kreise kreiselnd um sie herum, da soll Martin Luther in einer seiner derben Tischreden noch gespottet haben, das widerspräche ja Josua 10, Vers 13, wo die Sonne »einen vollen Tag lang stillstand«[7]. Kopernikus widmete seine astronomischen Beobachtungen dem Papst Paul III., »und der nahm die Widmung erfreut an«[8]. Tragisch wurde es erst, als der Vatikan Galileo Galilei 1611 ehrenvoll in die Akademie der Wissenschaft aufnahm und ihm riet, das neue »kopernikanische, heliozentrische« Weltbild erst mal nur als Hypothese und nicht als dogmatisch absolute Wahrheit zu publizieren, weil die Grenzen menschlicher Vernunft noch nicht genügend erforscht seien. Als aber Kardinal Maffeo Barberini zum Papst Urban VIII. gewählt wurde – ein Mathematiker und Freund Galileis! –, brach der inzwischen berühmte Herr Astronom sein Versprechen, zitierte seinen ehemaligen Freund und jetzigen Papst hämisch öffentlich, wurde 1633 der Ketzerei angeklagt, zog formal zurück und soll beim Verlassen des Gerichtssaals geflüstert haben: »Und sie bewegt sich doch!« »Fast 400 Jahre später ist klar, dass beide irgendwie Recht hatten, aber anders, als sie es damals wissen konnten«[9]: Ja, die Erde kreist um die Sonne, wir sind nur eine winzige Randerscheinung im Universum.

Ja, der euphorische Fortschrittsglaube an die Humanisierung der Welt durch die Vernunft hat seine Grenzen. Es wurden nicht nur die Dampfmaschine, das Telefon und das Penicillin erfunden, sondern auch Zyklon B, die Atombombe und die digitale Totalüberwachung. Vom fortschrittsverschuldeten Klimawandel ganz zu schweigen.

Von einem »Siegeszug der Vernunft über die Religion« schwadronierten vielleicht französische Revolutionäre, Karl Marx und Wladimir Lenin noch. »Aber dieser atheistische Frohsinn des 19. Jahrhunderts – ›endlich sind wir den Alten los‹ – der ist mir zu pubertär«, sagte Atheist und Philosoph Herbert Schnädelbach.[10] Trotzdem erwähnen es die organisierten Atheisten[11] immer wieder gern: Erst 1992 wurde Galileo Galilei vom Vatikan rehabilitiert! Erst 1996 erklärte Papst Johannes Paul II., dass Darwins Evolutionstheorie *nicht* im Widerspruch zur kirchlichen Lehre stehe.

Warum nicht? Weil es zum Auftrag Gottes an den Menschen, »die Erde zu bebauen und zu bewahren[12]«, dazugehört, »die Ordnung der Schöpfung und die Vernunft des Schöpfers denkend und rechnend nachzuvollziehen, wie Kopernikus, Kepler, Galilei und Isaac Newton dies taten.«[13] Das taten sie nicht, um Gott zu beweisen oder seine Existenz zu widerlegen. Beides ist bekanntlich unmöglich. Moderne Forscherinnen und Forscher arbeiten weder von der notwendigen Voraussetzung her »Gott gibt's«, noch auf die Zielsetzung hin »Siehste, gibt ihn nicht«, sondern: Sie staunen.[14] Demütig. Und manche sogar dankbar.

Dass ein dimensionsloser Punkt reiner Energie in einer 10-hoch-minus-43stel-Sekunde explodiert und sich die herumfliegenden Brocken nach Größe, Gravitation, Entfernung zur Sonne und Neigungswinkel exakt so positionieren, dass die chemischen Stoffe auf dieser Kugel ein gemäßigtes Klima und schließlich biologisches Leben ermöglichten – dass mag astrophysikalisch erklärbar sein, aber ist es deshalb kein Wunder?

Die Heilige Schrift beginnt – Journalisten mögen so was – mit einem sogenannten »Lapidarsatz«: »Am Anfang schuf Gott Himmel und Erde.«[15] Paff. So simpel reizt er nämlich zu sofortigen Nachfragen. »Am Anfang? Wann genau bitte?« »Gott schuf? Aber Majestäten schuf-ten doch nicht selbst. Für handwerkliche Maloche hat man Personal.« »Den Himmel? Die Galaxien schuf er gleich mit?«

Der Reihe nach: *Wir* verstehen unter »Anfang« den zeitlichen Beginn einer Chronologie und Handlung. Wir hören »Anfang« und fragen: Wann? Und was?

Das hebräische Wort »Bereschid« und das griechische Wort »Archä« meinen aber den ursächlichen Grund, die Ursache von etwas. Juden und Griechen hörten »Anfang« und fragten: Warum? Wozu?

In unserem deutschen Wort »Archäologe« steckt das Verständnis eines chronologischen Anfangs: Der Archäologe fragt, *wann* etwas geschah.

Im Beruf des »Architekten« steckt das jüdisch-griechische Verständnis eines kausalen Anfangs. Der Architekt fragt, *warum und wozu* er was entwerfen, wofür er einen »Grund legen« muss. Diesen Unterschied verdeutlichen zwei lateinische Worte noch klarer: »Initium« – das ist der Anfang als zeitlicher Beginn. Auf deutsch: »Ergreif doch mal die Initiative!« »Principium« – das meint den Anfang als ursächlichen Grund. Auf deutsch: »Unser Prinzip als Start-Up-Unternehmen ist ...«

Quizfrage: Mit welchem Begriff im ersten Satz fängt die Bibel an?
Da steht: »*In principio* creavit Deus caelum et terram.«
Wann das war, wissen der oder die Texter auch nicht. Oder finden es nicht der Rede wert. Aber *warum* alles ist, was ist – dafür brauchen die nur sieben Wörter und drei Sekunden: *Gott* ist der Grund, dass es Himmel und Erde gibt.[16]

So irre knapp und verdichtet, hoch philosophisch und tief psychologisch geht's grad weiter: Alles entsteht durch – »Gott sprach«. Wort schafft Wirklichkeit?
Bis heute kauen wir grübelnd auf dem Übergang vom Geist zur Materie herum: was eine Erb-»Information« in der Zelle eigentlich ist; was meine Milliarden Hirnsynapsen mit all den Reizen (und den Reizworten ...) tatsächlich machen; wodurch das Zellwachstum im Gewebe ein Bewusstsein hervorbringt und ob irgendwann die KI genug Worte gesammelt hat und ein Bewusstsein entwickeln wird usw.

Und *als was materialisiert* sich Gottes Wort zuerst?
Als Licht![17] Ja, da schau her. Und weil Licht kein Milligramm Materie transportieren muss, ist es ja auch recht schnell, gell: Etwa eine Milliarde Kilometer in der Stunde. Das sind ca. 350.000 Kilometer in 1,3 Sekunden. Wo mag es wohl hingeflogen sein, das Licht? »In principio«, Genesis 1,1?

Und warum werden Menschen ins Leben gerufen? Nötig wären sie ja nicht. Die Natur kam lange ohne sie aus. Die Natur käme ohne sie sogar besser klar.

Aber: »Unser Ebenbild, uns gleich sollen sie sein«!![18] Weil Gott ein Gegenüber in der materialen Welt will! Es entspricht seinem Wesen! »Gott ist Liebe und wer in der Liebe lebt, ist mit ihm verbunden«[19], also: Mich gibt's, weil Gott Liebe ist?! Klingt philosophisch abstrakt, ist aber konkret therapeutisch. Für Menschen, die meinen, nicht gewollt, nicht geliebt und nicht nötig zu sein.

Ich könnte abendfüllend so weitermachen. Die zwei Schöpfungstexte im Buch Genesis begeistern mich zutiefst. Sie sagen in einfachen, knappen Bildern alles Wichtige aus, was es über Gott, die Welt, den Menschen, die Freiheit, die Verantwortung und das Schuldigwerden zu sagen gibt. Sie transportieren Wissen, das nicht rational beweisbar, aber doch »wahr« ist.
Diese Wahrheit – zutreffender wäre der Begriff »Weisheit« – mit wissenschaftlichen Instrumenten prüfen? Mit dem Denken, den Fragestellungen und Methoden der Aufklärung und der Moderne? Da komm' ich aber mit dem falschen Werkzeug auf die Baustelle! Das Gewicht von zwanzig Keramikfliesen kann ich nicht mit dem Zollstock feststellen. Fugengenau an die Wand getackert kriege ich sie nicht mit der Säge.

Der Hamburger Zeitungsjournalist und Liederdichter Matthias Claudius (1740-1815) singt: »Der Mond ist aufgegangen / die gold'nen Sternlein prangen / am Himmel hell und klar« – welcher NASA-Ingenieur kommt auf die Schnapsidee, in diesen Zeilen nützliche Informationen für die Raumfahrt zu suchen?

»Der Wald steht schwarz und schweiget / und aus den Wiesen steiget / der weiße Nebel wunderbar« – welcher herzlose Physiklehrer labert jetzt über Thermik und Kondensation, statt die wunderbare Gottesgeborgenheit dieser Poesie zu empfinden? Dabei erkennen wir den Unterschied zwischen poetischer Sprache und faktischer Information doch sofort. Bei Geburtsanzeigen zum Beispiel: »In unseren Herzen ging die Sonne auf!« steht auf dem Cover der Klappkarte mit dem Babyfoto. Und innen: »Tobias, 13. März 2023, 4.30 Uhr, 3.370 Gramm, 51 cm.« Der erste Satz ist eine Metapher, der zweite eine Sachinfo.[20]

Wer die Schöpfungserzählungen geschrieben hat, wissen wir nicht. Wahrscheinlich mehrere Leute in mehreren Epochen[21], vielleicht Poeten am Hofe der Könige Salomo und David ab 965 v. Chr. oder Priester zur Zeit des babylonischen Exils ab 586 v. Chr.?[22] Für uns heute kaum mehr vorstellbar: Zur Spätbronzezeit war so eine Geschichte provozierend »aufklärerisch« und »ent-zaubernd« für die Religiosität im Orient: Siegreiche Herrscher, Könige und Kaiser beanspruchen, als irdische *Götter* verehrt zu werden? Nö: Der Mensch ist aus Erde gemacht, »Adam« bedeutet eigentlich »Erdmännchen«.[23]
Der Mond und die Sterne sind *Schicksalsmächte,* die man befragen muss und fürchten sollte? Nö: Lampen am Dach. Hat Gott da hingehängt![24]
Die *Natur* ist die höchste göttliche Macht und *muss mit Opfern beschwichtigt* und beschworen *werden*? Nö: »Macht sie euch untertan, ihr sollt sie beherrschen.«[25]

Na schön, sagen viele an dieser Stelle, aber wenn ich nicht glauben muss, dass die Erde genau so entstand, wie es das Buch Genesis erzählt – warum sollte ich dann glauben, dass Jesus gestorben und auferstanden ist, wie es die Evangelien erzählen?
Klingt logisch, ist es aber nicht. Weil man nicht ernst nimmt, dass Glaubenszeugnisse und Erlebnisberichte von hunderterlei Menschen aus Hunderten von Jahren nun mal keine mathematische Gleichung sind.
Die kann noch so komplex sein – wenn auch nur eine einzige Zahl darin falsch ist, stimmt die ganze Gleichung nicht mehr. Atheisten und Fundamentalisten, jeweils von ihrer Seite her, argumentieren so. Bringe ein einziges erstes Dominosteinchen zu Fall – und die ganze Reihe kippt unaufhaltsam um.
Radikaler Kreationismus sagt, zugespitzt: Ein gläubiger Christ bist du erst, wenn du auch glaubst, dass der Colorado River den Grand Canyon in nur sechs Tagen durchs Gestein geschnitten hat.[26]
Oder sachlicher formuliert: Wenn weder Adam noch der Sündenfall historische Fakten sind – dann sind Jesus und seine Sündenvergebung auch nicht historische Fakten. Davon aber geht der Apostel Paulus in seiner Darlegung der Funktion Jesu doch aus, oder? »Durch den Ungehorsam eines einzigen Menschen ...« (gemeint ist Adam) »... gerieten alle in die Gewalt der Sünde. Ebenso werden durch den Gehorsam eines Einzigen« (gemeint ist Jesus) »... alle vor Gott gerecht sein.«[27]

Aus diesen Sätzen des Apostels zu schlussfolgern, nur ein historischer Adam mache es möglich, an die Sündenvergebung

durch Jesus zu glauben, nur ein chronologisch datierbarer »Sündenfall« sei das Gegenstück zur Rechtfertigung des Menschen durch Gott – das halte ich für eine Fehlkonstruktion. Ein gedanklicher Flaschenzug, der nicht funktioniert. Ich muss dem Paulus doch das erdgeschichtlich-naturkundliche Wissen seiner Epoche zugestehen, die übliche Geschichtsdatierung seiner Kultur und Gesellschaft (»von Adam bis Mose …«).
Außerdem: Seine Adam-Christus-Gegenüberstellung – »der Mensch ist ein Mängelwesen, aber Gott rechtfertigt den Sünder durch Jesus« – stimmte für ihn ja auch dann, wenn er Genesis 1 bis 3 für eine Metapher gehalten hätte.
Wir alle – und ich hoffe: auch Bibellesende – können im Alltag prima unterscheiden zwischen einem Spielfilm und einer Doku, zwischen Roman und Sachbuch, zwischen Lyrik und Straßenverkehrsordnung.
Den barmherzigen Samariter[28] hat es nie gegeben. Der ist eine Erfindung von Jesus. Den hat es gegeben und der erzählt, was sich jeden Tag ereignet und was ich sofort verstehe: Ich soll nicht der kaltherzige Priester oder der ängstliche Levit sein, sondern der barmherzige Samariter.
Pippi Langstrumpf hat es auch nie gegeben. Sie ist eine Erfindung von Astrid Lindgren. Die hat es gegeben und die erzählt, wovon alle Kinder träumen: Pferde hochheben, Räuber vertreiben und in der Küche lustiges Chaos anrichten.

Unbekannte Autoren erzählen mir: Du hast Freiheit (»von allen Bäumen essen«) und Verantwortung für dich, für euch, für euren Garten (»bebauen und bewahren«). Das einzige Verbot (»nur eins bitte nicht …«) will tödliche Konsequenzen vermeiden (»sterben müssen«). Der/die/das Böse zieht Gottes wohlmeinende Absicht in Zweifel (»sollte Gott gesagt haben? ...«), indem es das Verbot falsch zitiert (»nicht essen dürfen von *allen* Bäumen?!«), leugnet die Folgen (»werdet keineswegs sterben«) und verspricht Unhaltbares (»sein wie Gott«!). Aber statt allwissender Klugheit, moralischer Autonomie und göttlicher Genialität gibt's Scham, Angst, Versteckspiel und Schuldzuweisungen (»die Frau, die *du* mir gegeben hast ...«).

Warum soll dieser Text nicht »absolut zuverlässig in Glaubens- und Lebensfragen«[29] sein, sobald jemand die Evolution von Hominiden plausibel beschreiben kann?
»Der zum Reich Gottes berufene Mensch im Sinne der Bibel fängt mit Adam an. Der zoologische Mensch im Sinne der Paläontologie war vorher da«, sagte ein schwäbisch pietistischer Saurierforscher[30], und ein ebenso schwäbisch frommer Chemiker, Experte für Fossilien meinte: »Wir wollen um Christi willen nicht die biblischen Erzählungen überheblich belächeln noch die Ergebnisse aufrichtiger Forscher verteufeln, sondern demütig bekennen, dass unser menschliches Erkennen immer nur ›Stückwerk‹ sein kann.[31] In ihm, Christus, sind verborgen ›alle Schätze und Geheimnisse der Weisheit und der Erkenntnis‹[32], nicht in uns selbst.«[33]
So viel ehrfurchtsvolle Demut kann die geniale Genesiserzählung sogar bei Menschen erzeugen, die ausdrücklich *keine* Christen sind: Der »Pulitzer-Preis« ist für alle, die mit Sprache und Schreibe ihre Brötchen verdienen, dasselbe wie der »Oskar« für Schauspieler und Regisseure: Es ist der Ritterschlag. Das Höchsterreichbare.

Pulitzerpreisträger Stephen Greenblatt, Professor für englische Literatur an der Harvard-Uni in Boston, Shakespeare-Spezialist, Träger des »National Book Award«, von Haus aus jüdischen Glaubens, sagt: »Die hebräische Ursprungsgeschichte beharrt ungewöhnlich intensiv auf der moralischen Verantwortung der Menschen für unser Schicksal und das der Welt. Sie ist so brillant, weil mit den Protagonisten und ihren Handlungen nicht nur unsere fernen Vorfahren, sondern wir gemeint sind, wir! Insofern machen nicht *wir uns* die Erzählung von Adam und Eva zu eigen, sondern *sie ergreift Besitz von uns.*«[34]

KAPITEL 7

Kennen Sie Widersprüche in der Bibel?

Fragte ich am Kirchenausgang die Besucherinnen und Besucher eines Gottesdienstes zum »Bibelsonntag« des Kirchenkalenders.

»Hm, nee. So spontan jetzt nicht. Aber es gibt welche, oder?«

»Die ganze Bibel ist ein einziger Widerspruch. Gegen die Naturwissenschaften.«

»Nein. Das behaupten die Atheisten. Alles Zeitgeist, so was!«

»Konkret fallen mir keine ein, aber wenn Sie welche kennen – mir würde das nichts ausmachen.« Rückfrage: »Warum nicht?« Zwischenruf ihres Mannes: »Bauanleitungen von IKEA sind ja auch widersprüchlich und trotzdem stand das Regal irgendwann, hahaha.«

Mal kurz und von vorne: Es gibt zwei ausführliche Schöpfungserzählungen im Alten Testament[1] und eine knappe im Neuen[2]. In Genesis 1 kommen erst die Elemente, dann die Pflanzen, dann die Tiere, dann der Mensch auf die Welt. In Genesis 2 erst der Mann, dann die Pflanzen, dann die Tiere und dann die Frau.

In Genesis 1 werden drei Tage gezählt, an denen es »Morgen und Abend wurde«, obwohl die Sonne und der Mond erst am vierten Tag erschaffen werden.[3] In Genesis 1 findet Gott jeden Tag, dass »alles sehr gut war«, was er geschaffen hat. In Genesis 3 hat er (!) aber auch jene Schlange geschaffen[4], die den Menschen zum Bösen verführt.[5]
Bei der Eroberung des Landes Kanaan durch Feldherr Josua münden viele erfolgreiche Etappensiege[6] in der wiederholten Feststellung: »So unterwarf Josua das ganze Land«[7] oder: »Josua nahm das ganze Land ein«[8].
Die Absatz-Überschrift in der Übersetzung der Basis-Bibel von 2021: »Die Einnahme des Landes ist abgeschlossen.«[9] Aha. Mission accomplished.
Doch ach: Drei Kapitel später sagt Gott zu Josua: »Du bist nun sehr alt geworden, aber viele Teile des Landes sind noch nicht erobert.«[10]
Eine Liste von knapp 70 Ortschaften endet lapidar mit dem Satz: »Deshalb blieben die Kanaaniter in dem Land wohnen«[11] und »deshalb wohnen Jebusiter in Jerusalem, die sie nicht vertreiben konnten.«[12] Also überlebten nicht ein paar marginalisierte Ureinwohner unter lauter siegreichen Einwanderern, sondern »die Israeliten lebten inmitten der Kanaaniter«[13]?!
Ja, wie denn nun?

Wenn ein Whistleblower einen Weltkonzern zu Fall bringt oder eine kleine Mittelstandsklitsche einen mächtigen Marktführer überflügelt, dann sagen wir: »David hat gegen Goliath gesiegt.« Der Hirtenjunge mit der Steinschleuder und der

hochgerüstete Riese[14], ein Klassiker der Kindergottesdienste. Oder gelang diese Heldentat einem gewissen Elhanan?[15]
Und wer verführte König David zur Volkszählung? Der Teufel natürlich![16] Oder war es etwa Gott selbst?[17]
»Gott ist ja kein Mensch, daher bereut er auch nichts.«[18] Aber »als die Bosheit der Menschen zugenommen hatte, bereute der Herr, dass er sie gemacht hatte, und war zutiefst betrübt.«[19] In direkter Rede erklärt Gott dem Propheten Jeremia sogar, wann er Drohungen und wann er Verheißungen bereut.[20]
Waren es »Fünftausend«, die von nur fünf Broten und zwei Fischen satt wurden[21] oder »fünftausend Männer«, also mit Frauen und Kindern möglicherweise doppelt so viele[22] oder nur »etwa 4.000 Männer, Frauen und Kinder«[23]?

Na ja, alles Randthemen, könnte man einwenden, kleinliches Theologengezänk. Ausgerechnet bei der Zentralbotschaft der Bibel aber, im Kern-Ereignis des christlichen Glaubens – der Auferstehung Jesu von den Toten – gibt es auffällig abweichende Erzählversionen: Waren am Ostermorgen eine[24], zwei[25], drei[26] oder mehrere Frauen[27] am leeren Grab? Wurde der tonnenschwere Grabstein in ihrer Anwesenheit von einem Engel entfernt[28] oder fanden sie ihn weggerollt vor?[29] Saßen ein[30] oder zwei[31] Engel in der Grabkammer oder kamen die von außen dazu?[32] Rannte nur Petrus zum Grab[33] oder auch Johannes?[34] Erschien der Auferstandene Maria Magdalena im Garten[35] oder ihr und der Mutter Maria erst auf dem Heimweg vom Garten[36] oder zuerst den zwei Jüngern auf der Straße nach Emmaus?[37]

Jede dieser Varianten wird in der Bibel erzählt. Als Vernehmungsprotokolle würde das die ARD-»Tatort«-Ermittlerpaare in den Wahnsinn treiben.
Oder gerade nicht!? Jeder Polizist und jede Staatsanwältin weiß, dass es manchmal fast so viele Tathergang-Versionen gibt, wie es Zeugen gibt.
Apropos Beweisbarkeit des Geschehens und Glaubwürdigkeit der Quellen: Erfahrene Investigativ-Journalisten wissen: Wenn vier Quellen vier Varianten erzählen – weil sie aufgeregte Augenzeugen sind oder solche zitieren – ist das glaubwürdiger, als wenn alle, aber auch alle gleichlautende, aalglatte Aufsager zu Protokoll geben. Das klingt dann nämlich wie das vorher abgesprochene Zeugs von Beamten in Diktaturen.

Aber solche Erzählvarianten sind ja nur die Widersprüche an der Textoberfläche. Spannender sind die inhaltlichen darunter: Als den ehemals nach Babylon deportierten Juden eine zweite Welle Heimkehr erlaubt wird (die erste Gruppe durfte 538 v. Chr., die zweite 465 v. Chr. zurück), da hatten diese »Spätheimkehrer« 120 Jahre lang im Exil gelebt. Hatten Kinder, Enkel und Urenkel bekommen und die hatten Einheimische geheiratet. Wir würden heute sagen: bi-religiöse Multikulti-Ehen geschlossen.
Jetzt, in der ihnen fremdgewordenen »Heimat« Israel, entsteht eine Art »back to the roots«-Bewegung, eine konservative Restauration: Die Priester Esra und Nehemia vollziehen das alte Verbot gemischtreligiöser Ehen mit Partnerinnen und Partnern aus Nachbarländern[38], indem sie öffentliche Zwangsscheidungen[39] veranstalten und Männer mit z. B. moabiti-

schen Frauen oder moabitischen Schwiegersöhnen »an den Haaren reißen, verprügeln und verfluchen«[40].
Klingt für uns heute nach iranischer Sittenpolizei, oder?
Im Buch Rut dagegen wird vier Kapitel lang die berührende Liebesgeschichte des angesehenen Boas mit der Moabiterin (!) Rut erzählt, die »unter den Flügeln des Gottes Israels Zuflucht findet«[41]. Ihr erstes gemeinsames Kind wird später der Großvater des Königs David, folgerichtig erscheint Ausländerin Rut in der Ahnenreihe des Jesus von Nazareth![42]
Widerspricht da ein biblischer Autor bewusst dem anderen?

Jesus selbst widerspricht gültigen Schriftworten, wenn er z. B. dem Gebot, eine ertappte Ehebrecherin zu steinigen[43], öffentlich zuwiderhandelt[44] und die todgeweihte Frau laufen lässt.
Wenn Sie sich in jüdischen Supermärkten in Israel, Crown Hights/New York oder in Paris und Berlin schon mal gewundert haben, welche Lebensmittel alle »nicht koscher« sind – gegen die akribischen Listen verbotener Wassertiere, Vogelarten, Klein- und Kriechtiere aus dem mosaischen Gesetz ist das Angebot meist noch großzügig.[45]
Jesusjünger Petrus kennt seine Speisevorschriften und hält sich dran. Als er visionär den offenen Himmel sieht und ein Leinentuch voller Kriechtiere und Vögel herabkommt, wird er von Gott aufgefordert, das bisher Gültige zu ignorieren und kräftig zuzulangen! Schockiert weigert er sich, bis die Stimme vom Himmel sagt: »Was Gott rein gemacht hat, das sollst du nicht unrein nennen.«[46]

Das Gewissensproblem des Petrus haben manche Christinnen und Christen auch heute noch, wenn sie einer Intuition, einem »Bauchgefühl«, einem »Eindruck« folgen wollen und unsicher sind, ob das richtig ist. Kann Gottes »gehörtes« Wort seinem »geschriebenen« widersprechen? Kann eine heutige Weisung des Geistes Gottes einen »inspirierten« Text von früher aufheben?

Apropos Vorschriften: Warum lassen Christen ihre männlichen Kinder eigentlich nicht beschneiden? Machen Juden und Muslime doch auch so.

Dieses für Juden absolut identitätsstiftende »Zeichen des Bundes mit Gott«[47] wurde von prominenten frühen Jesus-Followern als notwendiges Ritual der Zugehörigkeit zu Gottes Gerechtigkeit und Gnade *verneint*! Am heftigsten verneint von einem jüdischen Schriftgelehrten (!), Paulus![48] Über die Frage »Müssen Jesusgläubige aus aller Welt sich beschneiden lassen und damit Juden werden oder ›reicht‹ die Taufe?« kommt es erst zum Krach zwischen ihm und Petrus[49] und dann zu einer hochoffiziell gütlichen Einigung: Nein, müssen sie nicht![50]

Ob der Jesusglaube nur eine von vielen innerjüdischen Bewegungen blieb oder eine eigenständige Weltreligion werden konnte – das entschied sich, als ein stockkonservatives Jerusalemer Urgestein einen Kern- und Herzens-Bibelvers seines Glaubens »liberalisierte«[51]: Jakobus, der leibliche Bruder Jesu, der Gemeindechef in Jerusalem.

Paulus selbst war aber auch nicht immer stringent: »Ich erlaube nicht, dass eine Frau lehrt … sie wird aber dadurch gerettet werden, dass sie Kinder zur Welt bringt.«[52] Huch, unfruchtbare Frauen sind demnach für immer verloren und im Himmel gibt's keine, die kinderlos verstarb? Damit widerspricht Paulus seinem eigenen Grundsatz, der Mensch werde »allein aus Glauben« vor Gott gerechtfertigt.[53]

Auf solche offenkundigen Widersprüche – »wer lesen kann, ist klar im Vorteil« – hab' ich bisher meist drei Reaktionsmöglichkeiten kennengelernt:

1. »Aha, also alles Humbug. Die Bibel ist unglaubwürdig. Der Anspruch, für irgendwas normativ verbindlich oder moralisch wegweisend und orientierend zu sein, ist hinfällig.«
2. »Was wie Widersprüche aussieht, sind keine. Jedes Wort ist von Gott diktiert, und dir fehlt noch das rechtgeleitete höhere Verständnis dafür. Bereue deine Zweifel und bitte um Erleuchtung und Gehorsam.«
3. »Na und? Wer erwartet von 66 Büchern und Briefen aus 1.000 Jahren Entstehungszeit, geschrieben von Leuten unterschiedlicher Kulturen, dass sie in sich stimmig sein müssen? Glaubwürdig ist die Bibel, gerade weil (!) sie Gott und Menschen im Gespräch darstellt, im fortschreitenden Entwicklungsprozess ihrer Beziehung und ihrer Erkenntnisse.«

Ich war überrascht, welche hochverehrten »Väter des Glaubens«, welche Gründungshelden einer Frömmigkeitsbewegung namens »Pietismus«, schon vor knapp 300 Jahren mit Version Drei antworteten: Die Bibel ist ein glaubwürdiges, sich selbst interpretierendes, sich also auch korrigierendes Buch! Nikolaus Ludwig Graf von Zinzendorf zum Beispiel, (1700-1760), Jurist am sächsischen Hof August des Starken, autodidaktischer Theologe, Weltreisender, Liederdichter, Erbauer

der Siedlung Herrnhut bei Berthelsdorf in der Oberlausitz, Gründer der »Brüder-Unität«, Erfinder der »Herrnhuter Losungen«, einer bis heute auflagenstarken Bibelverse-Sammlung für jeden Tag.
Zinzendorf schrieb das schöne Erweckungslied: »Herr, Dein Wort, die edle Gabe, diesen Schatz erhalte mir. / Denn ich zieh' es aller Habe und dem größten Reichtum für. / Wenn Dein Wort nicht mehr soll gelten, worauf soll der Glaube ruhn? / Mir ist nicht um tausend Welten, aber um Dein Wort zu tun!«

Recht hat der Mann, finde ich. Christlicher Glaube be-»ruht« auf dem Fundament der Worte Gottes. Derselbe Zinzendorf schrieb aber auch: »So muss man nicht bestreiten, dass die Bibel so viele Fehler hat wie kaum ein anderes Buch, das heutigen Tags herauskommt. Was mir wenigstens ein unumstößlicher Beweis für ihre Göttlichkeit ist!«[54]
Oder hat die Bibel gar nicht »mehr Fehler als kaum ein anderes heutzutage«, sondern hatte immer nur zu viele und zu schlechte Übersetzer?!

KAPITEL 8

Warum sagt ihr »Junge, Junge!«, wenn ihr staunt?

Das fragte mich eine Pastorin in Hongkong 2004. Wir waren Delegierte auf einer Kirchenkonferenz, staunten oft und über vieles, und dass sogar die deutschen Pfarrer*innen* manchmal »Junge, Junge!« murmelten und nicht »Mädchen, Mädchen!« – das irritierte die nette Chinesin. Tja. Wir hätten ja auch »Holla, die Waldfee!« sagen können. Aber was heißt das auf Chinesisch?

Übersetzen ist heute, im Zeitalter von KI und ChatGPT, kein Problem mehr. Die Notwendigkeit aber, beim Übersetzen den sprachlichen und kulturellen Kontext zu kennen und zu berücksichtigen, ist geblieben. Sowohl den Kontext der Sprache, aus der übersetzt wird, als auch den der Sprache, in die man übersetzt: »It rains cats and dogs«, muss im Deutschen heißen: »Es regnet Bindfäden.« Ohne Katzen und Hunde. Die Frage lautet also immer: Ist das (wörtlich) Gesagte auch das (sinnhaft) Gemeinte?

Die allerersten Christinnen und Christen waren Juden. Sie sprachen und lasen Hebräisch. Fünfzig Tage nach der Auferstehung Jesu stellt sich Petrus in Jerusalem open air hin, predigt zu 17 verschiedenen Volks-, Dialekt- und Sprachgruppen, einzeln aufgelistet, und – alle verstehen ihn![1] Deshalb ja der Begriff »Sprachwunder von Pfingsten« oder »Geburtstag der Kirche«. (Nebenbei bemerkt: Die Christenheit ist also von Stunde Null an ein multikultureller Haufen. Wenn heutzutage bibellesende Gläubige eine rassistische Partei wählen, die Multikulti zum Problem und Ausländer zu Fremdkörpern erklärt, verleugnen sie die Bibel und die Kirchengeschichte).

Dreitausend von den damals wundersam Verstehenden lassen sich taufen.[2] Und schon hat die »Urgemeinde« zwei Fraktionen: Hebräisch sprechende, einheimische, gebürtig jüdische Christen einerseits und griechisch sprechende, aus sonst wo stammende Christen, genannt »Heidenchristen« andererseits. Verfolgt werden sie alle: die Judenchristen, weil sie an Jesus glauben[3], die Heidenchristen, weil sie nicht mehr an Jupiter glauben[4], und alle zusammen, weil sie an andere Lebensmöglichkeiten glauben.[5]

Die Leute fliehen aus ihrer Heimat[6] in die Wirtschaftszentren des römischen Weltreichs – Antiochien[7], Athen[8] und Korinth[9]. Aber während sie und ihre heranwachsenden Kinder sich dort wirtschaftlich etablieren und sozial integrieren[10], schrumpft die jüdische »Ur«-Gemeinde in Jerusalem dramatisch.

Nach der Belagerung und Zerstörung der Stadt 69/70 n. Chr. und vollends nach einer erneuten Revolte gegen die Römer 132 bis 135 n. Chr. (der »Bar Kochba«-Aufstand) sind sie ver-

schwunden, die christlichen »Hebräer«. So heißt ein eigener Brief im Neuen Testament, sprachlich stilvoll, inhaltlich hochkomplex, der eigentlich eine einzige Durchhalteparole an resignierte Judenchristen ist. Gelesen hatten die »ihre« Bibel, also die jüdischen Heiligen Schriften, das »Erste« oder »Alte« Testament, auf Hebräisch. Klar. Oder in einer griechischen Version, die der Legende nach von 70 Gelehrten übersetzt worden war und deshalb »Die Siebziger« hieß: »Septuaginta«.
Spätestens ab Mitte des 1. Jahrhunderts liest man vorwiegend dieses griechische Alte Testament. Dazu kommen später die Evangelien, Apostelbriefe und Märtyrerbiografien – im Osten des römischen Weltreichs auf Griechisch, im Westen auf Latein. Während der Debatten, was ins Neue Testament rein soll und was nicht, beauftragt Papst Damasus seinen Freund und Theologen Eusebius Hieronymus (348-420 n. Chr.), bereits vorhandene lateinische Textversionen sprachlich zu überarbeiten und zu vereinheitlichen. Ab dem 5. Jahrhundert n. Chr. wird daraus inklusive der griechischen alttestamentlichen Schriften die »Biblia Vulgata«, die Bibel in Umgangs- und Alltags-Latein. Halten wir fest: Aus Hebräisch wird Griechisch, aus Griechisch wird Latein.

Das beliebte Kühlschrank-Sprüche-Schildchen »Wir machen keine Fehler. Das sind nur Variationen« – das galt schon für die »Septuaginta« und für Meister Hieronymus mit seiner »Vulgata«. Ein Beispiel: Josef – der aus der Weihnachtsgeschichte, den kennen Sie, die Krippenfigur hinten links – ist bei uns ein »Zimmermann«[11]. Im Griechischen ist Josef von Beruf »tekton«. Liest man in außerbiblischen Texten, was so ein »tekton«

alles konnte – Fliesen legen z. B. – dann müssten wir ihn als »Allrounder im Trockenbau« bezeichnen. Auf Latein wurde aus dem »tekton« ein »faber«. Das Wort kennen Sie von »Fabrik« oder »etwas fabri-zieren«. Den »faber« sprach man in Italien, im Umgangslatein des westlichen römischen Imperiums, als »fabbro« aus. Und »fabbro« – das ist der Schmied. Rund 1.000 Jahre lang stellten sich die Christen den Mann von Maria und Ziehvater Jesu als Schmied vor!

Das war nebenbei gut für die missionarische Gemeindearbeit, fürs »Andocken« an den »lebensweltlichen Kontext« der Normalrömer. Die glaubten nämlich, der Sohn des höchsten Gottes Jupiter, der Vulcanus, sei Herr über Feuer und Bodenschätze wie Erz, Eisen und Metall. Wenn jetzt Jesus, der »Sohn Gottes«, bei seinem irdischen Ziehvater Josef als Schmied gelernt hat, passt's wieder.

Es dauerte bis zum Wintersemester 1269/70 an der ehrwürdigen Pariser Universität Sorbonne, dass Star-Theologe Thomas von Aquin seinen verdutzten Studenten mitteilte: »Nee, bei Kirchenvater Johannes Chrysostomus aus dem 4. Jahrhundert hab' ich eine Wortstudie gelesen, die eindeutig ›tekton‹ als ›Holzhandwerker, Bauschreiner, Zimmermann‹ übersetzt. Jesus hatte Splitter in den Händen, keine Brandblasen an den Fingern.« Weil Thomas von Aquin eine Autorität war und die katholische Kirche eine Kommandostruktur hat, wird der Weihnachtsjosef seither als Schreiner dargestellt. Basta.

Was also tat Martin Luther, als er von Dezember 1521 bis Februar 1522, in nur elf Wochen, auf der Wartburg täglich zehn bis zwölf Seiten Neues Testament ins Deutsche übersetzte?

Aus dem Griechischen, ja, aber streckenweise unter Zuhilfenahme der Vulgata? Er übersetzte, was mal mündlich vom Aramäischen ins Hebräische, dann schriftlich ins Griechische und schließlich in Latein transportiert worden war. Sein hochgelobter »lutherisch deutscher« Text ist die Übersetzung etlicher Übersetzungen.

Kurz vorher, 1512/13, hatte in Rom der talentierte Maestro Michelangelo eine riesige sitzende Figur aus Stein geschaffen: »Mose und die Tafeln der zehn Gebote« hieß das Werk. Komisch nur, dass aus dem Haarschopf der Skulptur zwei Hörner ragen. Mose hatte doch nichts Teuflisches, oder?

Nein, aber Michel Buonarotti nahm Exodus 34, Verse 30 und 35 wörtlich: »Mose *strahlte*, wenn er mit Gott geredet hatte.« Hebräisch »qaran«. Ergänzt man die Vokale falsch, kommt »qärän« dabei heraus, »gehörnt«. Auf Lateinisch ebenso falsch oder ein simpler Fehler beim Abschreiben: »coronata« hätte »strahlend« geheißen. In der lateinischen Bibel steht aber »cornuta«, »gehörnt«!

Luther empfindet ehrfürchtige Demut vor der »Heiligen Schrift« und will, dass »die Mutter im Hause, die Kinder auf der Gasse und der einfache Mann glauben könnten, dass in der Heiligen Schrift Gott selbst zu uns spricht! Dann würden wir eifriger darin lesen und wären sicher, dass hier unser Lebensglück geschmiedet wird.«[12] Dieser begeistert missionarische Mensch empfindet eine große Freiheit, Gottes Wort »mitschreiben« zu dürfen:

Der Bibelvers, der für ihn persönlich zum Aha-Erlebnis wurde (»ich muss meine Sünden nicht durch Selbstbestrafung aus-

gleichen und einen zornigen Gott mit Opfern milde stimmen«) und mit dem er den Ablasshandel der katholischen Kirche seiner Zeit aushebelte (»Gottes Vergebung kann man sich nicht erkaufen«), – diesen Kernvers der Reformation, das Eingemachte des evangelischen Glaubens, übersetzt er so: »So rechnen wir nun damit, dass der Mensch gerecht werde ohne des Gesetzes Werke, allein durch Glauben.«[13]
Schön. Nur: Das Wort »allein« steht da ursprünglich gar nicht. »Ich habe hier sehr wohl gewusst, dass im Griechischen das Wort ›allein‹ nicht da steht. Im Lateinischen auch nicht. Buchstaben, auf die die päpstlichen Eselsköpfe starren wie die Kuh auf ein neues Tor. Ich bin im Vertrauen auf die Eigenart der Sprachen so verfahren, dass ich das ›allein‹ hinzusetzte. Die Meinung des Paulus fordert's und erzwingt es mit Gewalt!«[14]

Martin Luther ist überzeugt, dass Gott durch den Brief des Paulus an die Christen in Rom auch zu ihm, dem Christen in Eisenach, 1521 spricht. Dass Paulus vom Geist Gottes inspiriert ist, aber eben nicht »bis ins einzelne Wort hinein«, sondern in seiner »Meinung«, Absicht, Zielsetzung, Thematik.

Luthers »Septembertestament« von 1522, der Urdruck seiner Übersetzung, ist für uns heute kaum verstehbar. Frühneuhochdeutsch halt. Legt man die »revidierte« Lutherbibel von 1912 neben die von 1984, wird klar, warum Sprachwissenschaftler in der Lutherbibel von 2017 nicht weniger als 67.830 Wörter korrigiert haben.[15] Mehr schaffen nur Mütter bei der Hausaufgabenkorrektur ihrer Kinder …

Inzwischen gibt es rund 35 verschiedene deutsche Übersetzungsversionen. Und da sind freie »Übertragungen«, Paraphrasen, Nacherzählungen, Kinderbibeln noch gar nicht mitgezählt. Weil sich Sprache und Verstehen nun mal verändern. Der »Duden« spiegelt das wider, die Bibel(n) genauso.
Welche Bibel also meinen Fundamentalisten, wenn sie vom »Urtext« und von »Gottes unverfälschtem Wort« reden?
Ich fürchte, auch »bibeltreue« Gläubige wissen: Es gab nie einen »Ur«-Text. Und verfälschen wollte das Evangelium sicher keiner seiner Übersetzer. Die bei konservativen Evangelikalen beliebteste Bibelversion ist die »Elberfelder« (benannt nach einem Stadtteil von Wuppertal), aber sogar die wurde 1985 und 2006 revidiert und überarbeitet.

»Und das ist ja nur die sprachliche Seite. Übersetzen heißt ja wirklich ›*über*-setzen‹. Von meinem Ufer zu einem anderen. Ich rudere aus dem 21. Jahrhundert zweitausend Jahre zurück in eine andere Zeit und Kultur, in eine Offenbarung, die aus der himmlischen Welt kommt. Übersetzen, griechisch »hermeneo«, meint: den Anderen, das Fremde, wirklich verstehen *wollen*! Das Anders-Sein des Gegenübers wahrnehmen, darin eintauchen und nicht nur mein Bild, das ich mir vorher gemacht hatte, bestätigt kriegen.«[16]

Stellen wir uns vor: In 500 Jahren findet eine japanische Archäologin unter einem U-Bahn-Schacht in Köln das Foto eines Teenagers mit dem Satz: »Der Junge schlägt nach seiner Mutter.« Wortwörtliche Übersetzer würden sagen: Was für ein respektloser Rotzlöffel! Das war häusliche Gewalt, das war ein Familiendrama. Erst wenn sich Frau Archäologin für unsere gesamte Sprache, unsere Kultur, unser Familienbild interessiert und eben nicht an der wortwörtlichen Formulierungsoberfläche hängenbleibt, kommt sie drauf: Der Junge sieht seiner Mutter ähnlich.

Übersetzen heißt auch auslegen und auslegen heißt: das Gemeinte vom Gesagten unterscheiden.

KAPITEL 9

Und? Wie ist er denn so?

Das fragte ich an einem Samstagnachmittag in seinem Garten den Chefarzt und Mitinhaber einer privaten Herzklinik, als der sich »für 'ne Stunde vielleicht« von uns, seinen Freunden am Kaffeetisch, entschuldigt hatte – »heute bewirbt sich noch jemand, ging terminlich nicht anders. Wir suchen doch einen neuen Kardiologen« – und schon nach einer dreiviertel Stunde in unsere Plauderrunde zurückkam!

»Das ging ja schnell«, staunte ich, »stellst du ihn ein?«

»Ach na ja, die Lebensläufe, Praktikumszertifikate und Leistungsnachweise in den Bewerbungsmappen, die lesen sich alle ähnlich. Für unser Spezialgebiet jedenfalls. Seine Doktorarbeit ist ganz o.k., aber jetzt auch kein Meilenstein für die Gefäßmedizin. Die Professoren, bei denen er gearbeitet hat, mag ich nicht. Aber als Mensch, also, wie soll ich sagen, als Mensch hat er mich überzeugt!«

Das geht vielen Leuten mit Gott auch so, dachte ich.

Was in der Bibel steht, lesen die wenigsten. Und wenn sie's tun, klingt das wenige altbekannt (»liebe deinen Nächsten«, »Vater unser«, »der Herr ist mein Hirte«). Was man bei Morgenandachten im Radio, beim »Wort zum Sonntag« im Fernsehen oder an Heiligabend in der Kirche hört, ist ganz o.k., im Grunde ja nie falsch, aber meist auch ziemlich harmlos. Und Gottes Bodenpersonal? Die Bischöfe, Pfarrer und Pfarrerinnen, Krankenhaus- und Kindergarten-Chefinnen und Chefs, die Kantoren an der Orgel – muss man die mögen?

»Aber als Mensch hat mich Gott überzeugt« – so ein Satz wäre ganz viel: Das Ende aller Versuche, Gott zu beweisen[1], und das Ende aller Versuche, ihn wenigstens als geistiges Prinzip, als Grund des Seins, als gedachten Sinn-in-allen Dingen zu denken. »Eine ebenso gewaltige wie unbestimmte, alles durchdringende Macht, eine fortgeschrittene Form des Pantheismus. Mein Gott ist unpersönlich. Der Gott Spinozas[2]. Nicht der Gott der Israeliten«[3], schreibt A.J. Jacobs, der die Bibel wörtlich zu nehmen versuchte.

Das Studium der Spekulationen über Gott lohnt sich, doch, doch. Wer die Zeit und Konzentrationsfähigkeit hat, kann kraftstrotzende Artisten bei ihrer atemberaubenden Akrobatik des Geistes beobachten. Von Aristoteles über Augustinus, Anselm von Canterbury, Thomas von Aquin, Voltaire und Descartes bis hin zu Feuerbach und Nietzsche.

Aber diejenigen, die sagten: »Erst als Mensch hat er mich überzeugt«, verdienen ebensolche Aufmerksamkeit, finde ich: »Von Anfang an gab es den, der das Wort ist. Er, das Wort, gehörte zu Gott und er, das Wort, war Gott in allem gleich. Alles wurde durch dieses Wort geschaffen«[4], schreibt Evangeliumsautor

Johannes in einer Art philosophisch verdichteten Schöpfungserzählung. Und serviert gleich eine gedankliche Zumutung dazu: »Kein Mensch hat Gott jemals gesehen« – stimmt! – »nur der eine, der Mensch geworden ist …« – wie bitte? – »der selbst Gott ist und an der Seite des Vaters sitzt, *der hat uns über ihn Auskunft gegeben.«*[5]

Augenblick mal: Wenn man die Frage hat, wie Gott denn so ist, wendet man sich am besten an Jesus Christus? Ja, nickt Paulus: »Christus ist das Ebenbild des unsichtbaren Gottes.«[6] Ich höre förmlich den Protest seiner Zeitgenossen: Aber wo bleibt denn da die Vollkommenheit, die majestätische Erhabenheit, die alles Denken sprengende, alle Vorstellungskraft übersteigende Grandezza eines Lichtjahrzehnte-ewigen und Galaxien-großen Gottes?! Meine Güte, die Griechen haben den blitzeschleudernden Zeus. Die Römer den licht- und luftbringenden Jupiter, Sieger über die himmlischen Titanen und Giganten. Bei den Barbaren, nördlich der Alpen, verehrt und fürchtet man Wotan-Odin, den rastlos reitenden Kriegs- und Totengott des Donners. Und ihr?

»Tja, tut uns leid«, sangen die ersten Christen in ihrem wohl ältesten Bekenntnis-Lied, in einer Hymne auf die »Selbsterniedrigung Gottes« in Christus: »Er hielt nicht daran fest, gottgleich zu sein – wie ein Dieb an seiner Beute –, sondern legte die göttliche Gestalt ab und nahm die eines Knechtes an. Er wurde in allem den Menschen gleich. In jeder Hinsicht war er wie ein Mensch. Er erniedrigte sich selbst und war gehorsam bis in den Tod, ja, bis in den Tod am Kreuz.«[7]

Als dieses Lied entstand, waren gebildete Leute außerhalb der neuen christlichen Gemeinden religiös offen und bescheiden genug, einen »unbekannten Gott« für möglich zu halten. In Athen hatten sie ihrer religiösen Leerstelle sogar einen Altar gebaut.[8] Man weiß ja nie. Als Paulus sich auf dem Marktplatz »Areopag« zu den dort üblicherweise auftretenden Philosophen stellt und behauptet, dieser Unbekannte sei keineswegs unbekannt, sondern habe sich in Jesus von Nazareth bekannt gemacht – ein quasi »heruntergekommener« Gott –, da schütteln die Leute den Kopf, es »bekehren sich« nur wenige zu diesem Gottesbild[9] und ansonsten bleibt seine Botschaft »für die anderen Völker eine reine Dummheit.«[10]

Und heute?
Wenn jemand weder an Gott noch an dessen Menschwerdung glaubt, aber die Bibel wortwörtlich nimmt – ein *atheistischer* Fundamentalist, könnte man sagen –, dann ist das Gottesbild ganz einfach: Gott ist ein Sadist.
»Der Herr wird ein fremdes Volk schicken, das dich überfällt. Es wird alle Städte in deinem Land belagern, da wirst du das Fleisch deiner Söhne und Töchter essen, so schlimm wird die Hungersnot sein. Selbst eine feine und verwöhnte Dame wird heimlich die Nachgeburt essen und das Kind, das sie zur Welt bringt. Eigentlich hatte der Herr Freude daran, euch Gutes zu tun und euch zahlreich zu machen. Doch jetzt wird er Freude daran haben, euch zu vernichten.«[11]
»Erst schärfe ich mein blitzendes Schwert, nehme das Gericht in meine Hand, und dann werde ich Rache üben an meinen Gegnern und strafen, die mich hassen. Meine Pfeile

werden von Blut tropfen und mein Schwert frisst sich in ihr Fleisch.«[12]

Gott ist ein Kriegsverbrecher.
»Zieh in den Krieg und besiege die Amalekiter. Verschone sie nicht, töte sie alle: Männer und Frauen, Kinder und Kleinkinder, Rinder, Schafe, Kamele und Esel.«[13]
Als Kriegskönig Saul das zwar macht, aber – ehemaliger Viehzüchter, der er ist – »die fetten Tiere und die Lämmer und was ihnen an Beute wertvoll erschien, verschonte«[14], da sagt Gott zu Samuel: »Ich bereue, dass ich Saul zum König machte, denn er hat meine Befehle nicht ausgeführt.«[15]
Ach, der totale Krieg war Gott nicht total genug?

Franz Buggle (1933-2011), Professor für klinische Entwicklungs- und Sozialpsychologie an den Universitäten Heidelberg, Hamburg und Freiburg, versammelte 460 Seiten lang alle angedrohten, befohlenen und ausgeführten Grausamkeiten der Bibel, forderte ihre Indizierung als »jugendgefährdende Schrift« und meinte, Gott sei ein cholerischer, launischer, eifersüchtiger, extrem ehrpusseliger Charakter mit bipolarer Störung.
»Ein Gott, der Eroberungskriege befiehlt, inklusive ausdrücklich angeordneter Hinschlachtung von Kindern; der Blutjustiz fordert, Frauen und Sklaven diskriminiert, die Ausrottung von Andersgläubigen befiehlt, Geisteskrankheit auf Besessenheit zurückführt und ewige Höllenstrafen androht; einen solchen Gott, auch wenn er extrem widersprüchlich Nächstenliebe und sogar Wehrlosigkeit fordert, als höchstes Vorbild und Verhaltensmodell zu propagieren, scheint mir schwer zu rechtfertigen.«[16]

Da hat er recht, das wäre schwer zu rechtfertigen. Aber wer bitte schön propagiert denn *diesen* Gott als »Vorbild und Verhaltensmodell«? Als Buggles Buch erschien, fiel mir da kaum jemand ein.

Inzwischen sind im modernen Staat Israel allerdings ultrarechte Politiker wie Itamar Ben Gvir von der Partei »Jüdische Stärke« an der Macht und Bezalel Smotrich vom »Religiösen Zionismus«. Ihr sogenannter »Unterwerfungsplan« sieht für die Palästinenser – und 20 % der israelischen Bevölkerung sind Palästinenser! – drei Alternativen vor: Zwei-Staaten-Lösung aufgeben, vertrieben werden oder »die Armee wird wissen, was sie zu tun hat. *Wie bei Josua damals.*«[17]

Stellen Sie sich vor, bei uns würde ein AfD-Innenminister damit drohen, gegen Menschen mit Migrationshintergrund die Bundeswehr loszuschicken, also »Burkas, Kopftuchmädchen, alimentierte Messermänner und sonstige Taugenichtse«[18] zu erschießen. Hundertausende Israelis demonstrierten 2023 monatelang gegen eine Justizreform, die verhindern will, dass Politiker wie Ben Gvir und Smotrich wegen Anstiftung zu rassistischen Morden vor Gericht kommen.

Leider wahr: Gott wurde (und wird) von Kriegsparteien, Diktatoren, Ideologen, von Nationalpatrioten, von Faschisten und ihren Verharmlosern oft und gern in Anspruch genommen. Als Legitimation, als Gewährsmann, als Siegesgarant oder einfach nur als religiöser Geschmacksverstärker im Propagandakrieg.

Wenn die »Palastschreiber«, die Chronisten der kriegführenden Warlords, die Parteigänger der Machthabenden Jahrzehnte oder Jahrhunderte später die mündliche Erinnerung an strategisch verblüffende Siege notierten – dann war es naheliegend, dass sie dies als »Gottes« Siege, »Gottes« Strategie, als »vom Herrn befohlen« darstellten.[19]

»Du sollst den Namen deines Herrn nicht missbrauchen«[20] – dieses Gebot wird vielleicht ähnlich oft übertreten wie das Verbot des Ehebruchs.

Von Missbrauch des Gottesnamens können Muslime ein Lied singen: Ihre Anbetungsformel »Allah u akbar«, »Gott ist groß« wurde seit dem 11. September 2001 zum Schlachtruf. Wurde missbräuchlich instrumentalisiert für alle nur erdenklichen Gräueltaten. Als am 3. August 2014 die Terroristen des sogenannten »Islamischen Staats« in Kocho und Mossul, Irak, Tausende jesidische Jungen und Männer erschossen und ihre Mütter und Frauen als Sexsklavinnen durch die Kasernen reichten; als sie in Raka Christen kreuzigten und in Libyen Christen köpften – da war der Aufschrei der zivilisierten islamischen Welt groß: Not in my name!

In der Geschichte des »christlichen« Abendlandes war dieser Protest eher leise. Sagte jemand »nicht in Gottes Namen«, als in Frankreich die Hugenotten gejagt, in der Schweiz die Täufer ertränkt, in England die Katholiken gehängt und in Deutschland die »Hexen« verbrannt wurden? »Gott mit uns« stand auf den Koppelschlössern deutscher Soldatenuniformen im Ersten Weltkrieg, und kaum jemand hatte was dagegen.

Aber: Mit der Vermutung, all die Grausamkeiten seien Gott lediglich in die himmlischen Schuhe geschoben worden, kriegt man ihn nicht von der Anklagebank. Immerhin sind es doch

ausdrücklich von ihm beauftragte Propheten und Wundertäter wie z. B. Elischa, der zwar fauliges Wasser zu Trinkwasser macht[21], aber auch 42 Kinder von zwei Bären zerreißen lässt, nur weil sie ihn verspottet hatten[22]! Ein geistbegabter Prophet, der am Ende eines dramatisch inszenierten Götter-Wettkampfes 450 Baalspriester töten lässt.[23] Im Namen des Herrn, versteht sich.
Was Atheisten wie den britischen Evolutionsbiologen Richard Dawkins[24] zu zornigen Bibelhassern macht: Gottes rachsüchtiger Charakter färbe auf die Gläubigen ab: »Babylon, du Zerstörerin, glücklich sei, wer deine Kinder packt und sie am Felsen zerschmettert.«[25] So endet Psalm 137, das Lied der trauernden Exiljuden »an den Flüssen Babylons«. Kennt man aus dem Schlager »By the Rivers of Babylon«. Ist seit April 1978 ein Hit der Popgruppe »Boney M«, verkaufte 20 Millionen Platten. Wurde und wird gern in Radio-Andachten erwähnt. Ja, schön. Aber kurz vor Vers 9 bitte schneiden, sonst wird das nichts mit der Erbaulichkeit am Morgen.

Was mich persönlich an solchen Horror-Zitat-Sammlungen stört – nicht nur, wenn der »Humanistische Bund« oder die »Giordano-Bruno-Stiftung« sie in Fußgängerzonen als Flyer verteilen –, ist ihre Ignoranz gegenüber den biblischen Textgattungen: Intelligente Leute können nicht zwischen Berichten, Bekenntnissen, Verheißungen und Aufträgen in der Bibel unterscheiden?!
Nicht alles, was berichtet wird, fordert von mir (!) ein Bekenntnis! Nicht alles enthält für mich (!) ein Versprechen oder will, dass ich (!) etwas tue. Ganz abgesehen von Verheißungen

Gottes, die ausdrücklich nur seinem Volk Israel gelten. Biblische Texte sind mehrheitlich *be*schreibend, nur in der Thora meistens *vor*schreibend; sind deskriptiv statt präskriptiv, erzählen von dem, was war. Und kommentieren es aus ihrer zeitbedingt-kulturell-religiösen Perspektive.

Nun kann man im »Ersten« oder »Alten« Testament der Bibel weit mehr Bibelstellen sammeln, in denen Gott als barmherzig und gnädig, vergebend, versorgend, liebevoll, tröstend, rettend, helfend dargestellt wird[26], und der berühmte Psalm 23 – »nichts als Liebe und Güte begleiten mich« – ist nicht umsonst der berühmteste. Jubilierende Chöre, tobende Orchester, bombastische Inszenierungen, mysteriöse, ästhetische oder pathetische Gesten und Rituale feiern quer durch alle Konfessionen die hoch zu lobende Großartigkeit des »guten« Gottes.
Bloß: Jede Erzieherin, jeder Lehrer und alle Eltern dieser Welt werden Ihnen sagen: Es gibt nichts Schlimmeres für ein Kind als unberechenbare, mal jähzornige, mal zärtliche Eltern. Küsse morgens, Schläge abends; Verbote heute, Laissez-faire morgen, und kein Verlass auf nix? So zerstört man Kinderseelen und schafft Ur-Misstrauen.

Selbst ohne Kenntnis biblischer Texte haben manche Leute vielleicht wegen dieser krassen Zwiegesichtigkeit Gottes ein gespaltenes Verhältnis zu ihm. Denken von Gott wie ich mit 18 von meinem Fahrlehrer: Ich mochte ihn nicht, aber ich brauchte sein Wohlwollen.

Nun gibt es aber ja außer dem Verbot des Namens-Missbrauchs Gottes – der übergriffigen Inanspruchnahme und Instrumentalisierung seiner Autorität für eigene Zwecke also – auch noch das Gebot »Du sollst dir kein Bild von Gott machen. Nichts, was im Himmel und auf der Erde ist, kann ihn darstellen«.[27]

Im Judentum und im Islam wird das bis heute wörtlich genommen. Bilderverbot. Basta.

Das hinderte die Texter der Hebräischen Bibel, des »Alten Testaments«, allerdings nie daran, Sprach-Bilder von Gott zu malen, äh, zu schreiben. Meistens sind das, Achtung Fremdwort, »anthropomorphe« Bilder. Gott werden menschliche Eigenschaften oder sogar Körperteile zugeschrieben: Der – im Wortsinn *unvorstellbare* – Gott hat dann Augen[28] und zwei Ohren[29], hat Hände[30] und Füße[31], einen Bauch[32] und eine schnaubende Nase[33] und – er hat sogar eine »Rechem«, eine Gebärmutter. Dort sitzt nach alttestamentlicher Vorstellung die »Rachamim«, die Barmherzigkeit[34], und wenn »Zorn das Mitleid überwiegt[35], dann ist dieser »Schoß«[36], wie Luther übersetzte, »verschlossen«.

Im Christentum nahm man das Bilderverbot nicht wörtlich, weil man fand, das Problem seien nicht Pinsel und Leinwand, sondern Kopf und Herz: Sollen Malerinnen und Grafiker, Designer, Filmregisseure und Kinderbuch-Illustratorinnen ruhig väterliche Bartträger oder lichtstrahlenumkränzte Himmelswesen darstellen; mögen berühmte Genies der Kunstgeschichte Ikonen, Altargemälde, Decken- und Bodenmosaike, meterhohe Fensterbilder in Kathedralen und quadratmeterbreite

Textilgobelins in Schlössern hergestellt haben – die plakativsten Gottesbilder befinden sich doch immer in meiner Fantasie! Wie also soll ich das machen – mir »kein« Bild machen?

Wenn ein normaler Mensch, »dessen Vater und Mutter wir kennen, der Zimmermann, heißt seine Mutter nicht Maria?«[37], ein Mann, der Hunger kriegt, wenn die Läden zu sind[38], und Mittagsschlaf braucht, wenn andere arbeiten[39] – wenn dieser junge Kerl allen Ernstes behauptet: »Wer mich gesehen hat, hat den Vater gesehen[40], »ich und der Vater sind eins«[41], »ihr werdet sehen, wie der Menschensohn an der Seite Gottes sitzt und Macht über alles hat«[42] – dann ist das eine unverschämte Anmaßung. Eine irre Selbstüberschätzung. Dann reißen sich besonnene Traditionalisten genervt die Krawatte vom Kragen.[43] In einer antiken, hochreligiösen Gesellschaft stirbt so jemand nicht im Bett.

Ist Jesus ja auch nicht, sondern ist umgebracht worden. Für genau diese Anmaßung: sich als »Menschensohn« und als »Gottessohn« zu bezeichnen. Beides gleichzeitig. Ganz Mensch, ganz Gott. Mit »Sohn« ist nicht genetische Vererbung und Erziehung eines biologischen Nachfahren gemeint, sondern dass er Gott »wesensgleich«, »charakter-identisch« ist. Die ersten Sätze eines Briefes an verunsicherte Judenchristen erklären das: »Viele Male und auf vielfältige Weise hat Gott einst durch die Propheten zu den Vorfahren gesprochen. Jetzt, am Ende dieser Zeit, hat er durch seinen Sohn zu uns gesprochen. Der Sohn ist der Abglanz von Gottes Herrlichkeit und das Abbild seines Wesens.«[44]

Es ist übrigens die einzige Stelle im ganzen Neuen Testament, in der für »Abbild« das griechische Wort »Charakter« vorkommt.

Hm. Dann betonen wir doch mal das Bilderverbot aus den Zehn Geboten so: »*Du* sollst dir kein Bild von Gott machen« – Gott selbst hat dir seins schon gegeben. Hochauflösend und mehrfach offiziell autorisiert: bei der Taufe Jesu[45] und bei seiner Auferstehung.[46]
Wenn aber Jesus Christus das von Gott autorisierte Selfie seines Wesens und seiner Absichten ist; wenn »in ihm die ganze Fülle Gottes leibhaftig gegenwärtig ist«[47] – dann ist Gott als das sprichwörtlich »höhere Wesen da draußen« gar kein höheres und da draußen erst recht nicht. Dann hat sich Gott – jetzt kommt eine Verb-Erfindung des Theologen Martin Benz – »vereindeutigt«.[48] Schöner hätte ich's auch nicht sagen können. Gott hat sich in Jesus vereindeutigt.
Als Drei-Wörter-Programm, also noch schöner, hat es der Briefschreiber Johannes gesagt: »Gott ist Liebe.« Punkt.[49]

Und warum stehen dann so gruselige Eigenschaften über Gott an anderen Stellen der Bibel?
Weil es zur Menschwerdung Gottes, zu seinem »Herabkommen«, gehörte, sich menschlichen Wörtern zu überlassen. »Die Art und Weise, wie Gott gesprochen hat durch Propheten und Apostel und durch Jesus, geschieht in ›Knechtsgestalt‹. So sind in der Heiligen Schrift erkennbare Züge der Herablassung Gottes, der Erniedrigung Gottes, indem Gott sein Wort hineingibt in die zeitbedingten Vorstellungsräume der damaligen Zeit.

Indem Gott sein Wort sündigen, irrenden Menschen anvertraut, nimmt er es auf sich, dass dieses Wort auch verkürzten Überlieferungen und Deutungen preisgegeben wird.«[50]

Das heißt: Kein Ge- und kein Verbot, kein Gottesbild und keine Königs- oder Prophetenbewertung können und dürfen mehr an Jesus vorbei angewendet werden, so, als habe es ihn nicht gegeben.

Es heißt: Christinnen und Christen lesen die Bibel und glauben der Bibel »von Christus her«.

Das hat sehr praktische Konsequenzen ...

KAPITEL 10

Haben Sie Ihre Frau nicht mitgebracht?

Wurde ich manchmal gefragt, wenn ich zu einer Veranstaltung kam. Am liebsten hätte ich geantwortet: »Ach, du Schreck, Mist, hab' ich zu Hause liegen gelassen!« Aber das wäre unhöflich gewesen. Es war ja immer nett gemeint, wenn auf dem Kaffeetisch zwei Gedecke für mich vorbereitet waren.
Gab sich der oder die Fragende dann selbst die Antwort – »Die muss sicher bei den Kindern bleiben, stimmt's?« –, hätte ich erklären können, dass sie berufstätig ist, dass sie alle meine Referate schon mal gehört hat, dass sie keine Lust hat auf nächtliche Heimfahrten von irgendwoher. Oder, grantig, dass unfreiwillig mitgenommene Frauen meist auch mitgenommen aussehen. Aber wem nützt das?

Gleich vorneweg: Die Bibel entstand in vollkommen patriarchalen Gesellschaften. Das erste oder »alte« Testament sogar in Verhältnissen, in denen Polygamie und Sklavenbesitz üblich waren. Die Bibel wurde deshalb nicht von lauter »toxischen« Monstern geschrieben, aber von Männern, für die eine Frau

Teil seiner Besitztümer war. Ein herausgehobener zwar, aber eben ein Besitz.

Das psychosozial wunderbar weise und heilsame Gebot »Beneide niemanden« heißt im vollen Wortlaut: »Du sollst nichts begehren, was deinem Nächsten *gehört:* weder sein Haus noch seine Frau, seinen Sklaven oder seine Sklavin, sein Rind, seinen Esel oder irgendetwas anderes.«[1]

Nun könnten wir uns stunden- und tagelang darüber aufregen, dass Gott in eben diese chauvinistisch-maskulin geprägten Zeiten hineingesprochen hat oder warum er ausgerechnet diese antiken Machos inspirierte, die »Heilige Schrift« zu verfassen. Zielführender fände ich es, uns gegenseitig zu fragen, wie wir heute damit umgehen. Konkret: wie wir Zeitbedingtes von zeitlos Gültigem unterscheiden.

Ohne den »Satz des Pythagoras« über rechtwinklige Dreiecke – »a Quadrat plus b Quadrat gleich c Quadrat« – würde kein Architekt das Zeichnen beginnen, vermute ich. Und keine Mathe-Lehrerin Geometrie unterrichten.

Dabei hat der sagenumwobene Pythagoras (570 v. Chr.-510 v. Chr.) diese Formel wahrscheinlich bei den Ägyptern gelernt. Die mussten nach jeder Nilflut die Ackerflächen am Ufer neu vermessen. Grundsteuer-Reform! Macht bis heute Ärger, auch in Deutschland. Die kannten sich aus mit der Hypotenuse und den Katheten. Aber mathematisch *bewiesen* hat den Satz erst jener Grieche, der auch sagte: »Es gibt ein gutes Prinzip: Das hat die Ordnung, das Licht und den Mann geschaffen. Und es gibt ein böses Prinzip, das das Chaos, die Finsternis und die Frau geschaffen hat.«[2]

Laut dem syrischen Philosophen Porphyrios (233 n. Chr.- 305 n. Chr.) soll Pythagoras sogar gesagt haben, Frauen hätten zwar keine Seele, sollten aber »pfleglich behandelt werden, wie alles Nutzvieh pfleglich behandelt wird«.[3]
Durchatmen. Ganz ruhig jetzt. Nur ein- und ausatmen. Schluck Wasser?

Die Preisfrage lautet also: Müssen wir den geometrischen »Satz des Pythagoras« entsorgen, weil sein Frauenbild im hohen Bogen auf den Müll gehört?
Nein. Denn: Wir alle können prima unterscheiden zwischen zeitlosen Wahrheiten und zeitbedingten Fehleinschätzungen. Was würde geschehen, wenn jemand behauptete, die geometrische Formel des Pythagoras sei *nur dann wahr, wenn auch* sein »Ordnungsprinzip Licht/Mann, Finsternis/Frau« *wahr sei*!?
Mit Verlaub – die katholische, einige evangelische und etliche Freikirchen auf der Welt beteuern eine solche Hebelwirkung:

Auf dem Freeway 241 östlich von Los Angeles Richtung Capistrano Beach gibt es die Beschilderung »Next 2 Exits Church Parking«. Zwei Autobahnausfahrten für einen Kirchenparkplatz?? Ja. Dort versammeln sich sonntäglich bis zu 57.000 Leute. Das wär' bei uns ein Fußballstadion. Die Fans wollen Rick Warren hören. Autor des Buches »Leben mit Vision«, das seit 2002 rund 51 Millionen Mal verkauft und in 137 Sprachen übersetzt wurde. 22 Millionen US-Dollar Lizenzen aus diesem Bestseller spendete er an humanitäre und missionarische Initiativen. Auf seiner Bühne diskutierten im August 2008 die Präsidentschaftskandidaten John McCain und Barack Obama

miteinander, am 20. Januar 2009 sprach Rick Warren das Fürbittengebet bei Obamas Eid auf Bibel und Verfassung.
Alles perdu, alles vorbei. Theologisch ist Pastor Warren ein eher Konservativer, aber: Der Kirchenbund, zu dem seine Gemeinde gehörte, warf ihn trotzdem raus. Warum? Er und sein Gemeinderat hatten *drei Frauen zu Pastorinnen ordiniert!*
Wegen desselben Vergehens setzte man fünf weitere Megachurches gleich mit vor die Tür. Begründung: »Es ist eine Verpflichtung gegenüber der Heiligen Schrift, die eindeutig das Amt des Pastors auf *Männer* beschränkt.«[4]

Deutsche Baptisten im »Bund ev.-freikirchlicher Gemeinden« ordinieren Pastorinnen seit 40 Jahren. Die evangelisch-reformierten Kirchen Nordamerikas tun es seit 170 Jahren. Antoinette Brown Blackwell hieß die erste. Pfarrerin geworden am 15. September 1853 in Wayne County/New York. Später eine emsig Vortragsreisende, trotz ihrer fünf Töchter. Wurde vermutlich nie gefragt: »Haben Sie Ihren Mann nicht mitgebracht?«

Die Evangelisch-lutherische Kirche von Lettland dagegen hält Frauen seit 2016 für pfarramts-untauglich, die »Selbstständig evangelisch-lutherische Kirche« in Deutschland auch, die russland-deutschen Freikirchen sowieso, und im Bund »Freier evangelischer Gemeinden« kämpfen einzelne Wortführer dagegen, dass »der Zeitgeist die Frauenordination üblich werden ließ, obwohl die Bibel sie eindeutig ablehnt«.[5]
»Die Bibel«. Die ganze wieder mal. Und »eindeutig«.

Also weiblichen Führungskräften und mutigen Entscheiderinnen gegenüber ist sie nicht ablehnend. Dass die Hebammen Schifra und Pua dem neugeborenen Mose das Leben retteten[6], seine singende und tanzende Schwester Mirjam »eine Prophetin« genannt wird[7], dass Deborah »als Richterin über Israel herrschte«[8], dass Hanna, Mutter des Propheten Samuel, ein langes Loblied im Tempel singt[9], dass König Hiskia seine Beamten zur Prophetin Hulda schickt und die sogar zwischen ihrer eigenen Politikberatung und dem »Ausspruch des Herrn« unterscheidet[10] – das alles beeindruckt ausgerechnet die »Bibeltreuen« nicht. (Anders als im Judentum, wo weltweit etwa ein Viertel der Synagogen von Rabbinerinnen und Kantorinnen geleitet werden. Regina Jonas hieß die erste in Deutschland, das war 1935. Ermordet wurde sie 1944 in Auschwitz.)

Aber Jesus – könnte der nicht moderne Patriarchen nachdenklich stimmen?
Weil er rund 72 Jüngerinnen und Jünger in die Mission berief[11], darunter namentlich genannte Frauen[12]. Weil Jesus sich für seine Zeit und Kultur skandalös wertschätzend gegenüber geächteten Frauen verhielt[13] und eng befreundet war mit Single-Frauen[14]. Weil die ersten Zeuginnen der Auferstehung Frauen waren[15] und die erste christliche Gemeinde Europas in der Modeboutique einer Frau entstand[16].

Apropos »Zeuginnen«: »Eduth Ischa Ejna Topheseth« lautete das rabbinische Recht zur Zeit Jesu – »das Zeugnis der Frau ist vor Gericht nicht gültig.« In islamistischen Ländern ist das heute noch so: Die Aussage einer Frau wird entweder gar nicht oder nur als Randnotiz zu den Akten genommen. Wenn die rund 500 Leute, denen Jesus leibhaftig und lebendig erschienen sein soll, wie Paulus behauptet[17], die Auferstehung ihres Meisters nur erstunken und erlogen hätten; wenn Petrus, Johannes, die Emmausjünger und die verbliebenen elf Apostel das Ganze als raffinierten Bluff inszeniert hätten – dann wäre es das Dümmste gewesen, ausgerechnet *Frauen als Kronzeuginnen* zu benennen! 33 n. Chr. in römischem Recht und jüdischer Gerichtspraxis ein Witz für den Juristenstammtisch.

Umkehrschluss: Dass ausgerechnet die in ihrer Zeit und Kultur nicht Ernstgenommenen, die gesellschaftlich Ignorierten, die politisch Einflusslosen – Frauen eben – zu Kronzeuginnen der Auferstehung werden, spricht sehr für die – Achtung Fremdwort – Historizität, die Tatsächlichkeit des Osterwunders.
Ausgerechnet Frauen als erste Zeuginnen des sensationellsten Wunders der Bibel – ich finde das ist ein Indiz für Gottes verschmitzten Humor. Und Gottes zackige Kopfnuss für Patriarchen. Und ein wichtiges Argument für die Tatsächlichkeit der Auferstehung Jesu.

Ja, schön und gut, sagt da die katholische Kirche (wenn auch erst seit dem 3. Jahrhundert): Frauen mögen *Empfängerinnen* des Heils, der Gnade, der Vergebung und Erlösung sein. *Spenderinnen der Sakramente* aber, die all das versinnbildlichen und verdinglichen, können sie keinesfalls sein. Denn: Jesus hat nur *Männer* zu »Aposteln« berufen.[18] Die lückenlose Weitergabe dieser Berufung durch die Priesterweihe – Achtung Fremdwort: die »apostolische Sukzession« – geht nur von Mann zu Mann, basta.

Weiterlesen hilft manchmal: »Grüßt Andronikus und Junia, meine Landsleute, die mit mir im Gefängnis waren. Sie nehmen unter den Aposteln eine herausragende Stellung ein. Auch haben sie schon vor mir zu Christus gehört«[19], schreibt Paulus am Schluss seines Briefs an die Gemeinde in Rom im Winter 55/56 n. Chr. Mit »Apostel« war die Lehrautorität, der bischöflich Weisungsbefugte des christlichen Glaubens gemeint. Der Lordsiegelbewahrer des unbedingt Gültigen.

Drei Knaller stecken in diesem Briefgruß:
Die beiden waren schon christusgläubig, *bevor* Paulus in Damaskus vom Pferd fiel? Die Junia saß mit Paulus im Knast, war also auf makabre Weise »gleichberechtigt«? Ausgerechnet der Paulus, der Jesus zu dessen irdischen Lebzeiten nie gesehen hatte und trotzdem jahrelang (und nicht ganz uneitel) darum kämpft, als Apostel zu gelten[20] – der nennt ganz selbstverständlich Andronikus und Junia »Apostel«? Sogar »herausragende«?
Für einen Promi der Rhetorik sind das drei gute Gründe, ins Schwärmen zu geraten: Johannes »Goldmund« Chrysostomus (349 n. Chr.-407 n. Chr.), Gemeinde-Chef in Antiochia:
»Es ist schon etwas Großes, ein Apostel zu sein, aber noch hervorragend zu sein – bedenke, was das für ein Lob ist! Hervorragend von ihren guten Taten her, oh, und wie groß ist die Philosophie dieser Frau, dass sie der Zurechnung zu den Aposteln für würdig erachtet wurde!«[21]

Apropos Apostel: In den ersten Jahrzehnten war (noch) unbestritten selbstverständlich, dass nur Weggefährten Jesu diesen Lehrautoritäts-Titel trugen. Auch »viele Frauen«[22], darunter sieben namentlich genannte, waren bei der Kreuzigung und der Auferstehung dabei: Maria Magdalena; Maria, die Mutter der drei Brüder Jesus, Josef jr. und Jakobus. Dann die Frau des Zebedäus, Mutter der Jesusjünger Johannes und Jakobus[23]. Dazu Johanna, die Ex-Frau des Finanzministers Chuza.[24] Noch eine Maria, die Frau des Kleopas[25]. Schließlich die wohlhabend spendenfreudige Susanna[26] und eine Salome.[27]

Dass Jesus *zuerst ihnen* und erst *danach den Männern* erschien, hätte man als eine Art Berufung, als Weihe – sagen wir: als himmlischen Ritterschlag – würdigen und die Reihenfolge als Würde-Hierarchie interpretieren können. Aber nein: Viele Jahre, nachdem Paulus die tapfere Apostelin Junia in Rom gelobt hat, argumentieren seine Schüler genau umgekehrt und begründen das mit einer Reihenfolge, die sie als Würde-Hierarchie werten: »Ich erlaube nicht, dass eine Frau lehrt oder sich über einen Mann stellt. Sie soll sich vielmehr still verhalten. Denn *zuerst* wurde *Adam* geschaffen, *danach erst Eva.*«[28]!

Huch?! Hat sich da das kulturell übliche Patriarchat gegen das jesuanische Frauen-Apostolat durchgesetzt?

Dann aber mal fix die Kirchengeschichte retuschiert: In der lateinischen Übersetzung des Römerbriefs wird im 4. Jahrhundert aus Junia plötzlich *der Junias.* Obwohl es diesen Jungennamen in keiner der antiken Schriften dieser Zeit gibt, auch nicht in außerbiblischen Dokumenten! Die Geschlechtsumwandlung geht ganz einfach, wenn man einen Akzent verschiebt:

Die ältesten Handschriften waren in Großbuchstaben geschrieben, ohne Zwischenräume und ohne Akzente.
Würde meine Frau heute schreiben MEINDANKGEHTANANDREASADRESSE – dankt sie dann mir oder einer Freundin?
»An Andrea's Adresse« wäre alles klar. Setzt man den Akzent später »An Andreas' Adresse« – hätte sie mir gedankt.
Junias, na bitte![29]
Der frühe Paulus empfiehlt den Christen in Rom eine Frau namens Phoebe, mal »Diakonin«, mal »Patronin« der Gemeinde Kenchreä bei Korinth genannt[30], bedankt sich bei Ehepaar Priska und Aquila – »sie haben Kopf und Kragen riskiert, um mein Leben zu retten«[31] – und bei sechs weiteren Frauen der Gemeinde.[32] Keine einzige davon hat die katholische Kirche heiliggesprochen.
Derselbe Paulus (!) schreibt im Widerspruch zu sich selbst: »Frauen sollen in der Gemeindeversammlung schweigen. Ihnen ist es nicht erlaubt, dort zu sprechen, vielmehr sollen sie sich unterordnen, wie es das Gesetz vorschreibt. Wenn sie etwas genauer wissen wollen, sollen sie zu Hause ihre Männer fragen, denn für eine Frau ist es eine Schande, in der Gemeinde öffentlich zu sprechen!«[33]
Und wo wir grade öffentlich von Schande sprechen: »Wenn eine Frau sich nicht verhüllen will, kann sie sich gleich die Haare abschneiden lassen. Nun ist es für die Frau eine Schande, wenn sie die Haare abgeschnitten bekommt. Der Mann soll seinen Kopf nicht verhüllen, denn er ist Abbild Gottes und spiegelt dessen Herrlichkeit wider. Die Frau dagegen spiegelt die Herrlichkeit des Mannes wider. Denn der Mann wurde

nicht aus der Frau geschaffen, sondern die Frau aus dem Mann. Der Mann wurde auch nicht wegen der Frau erschaffen, sondern die Frau wegen des Mannes. Das lehrt euch doch schon die Natur: Es ist eine Schande für den Mann, die Haare lang zu tragen.«[34]

Jetzt kriegen endgültig *alle* Schnappatmung: Kurzhaarige Frauen; Baseballkappe tragende Männer; alte Herren, deren Glatze allerlei widerspiegelt, nicht nur die Herrlichkeit Gottes; Ehefrauen unhübscher Partner; Mütter, Männer mit Zopf, Dutt oder Vokuhila-Frisur aus den 80-ern. Außerdem »lehrt schon die Natur«, also die im hohen Norden jedenfalls, dass man den kahlen Männerkopf gegen Wind und Kälte schützen muss. Abbild Gottes trotz Pudelmütze sozusagen.

Leider gar nicht lustig: Da argumentiert sich Paulus ganz nah an die »Ordnungsprinzipien« des Pythagoras heran. Mann/Licht, Frau/Finsternis. Sein Rückgriff auf die Reihenfolge der Schöpfung nach Genesis 1 wird von den Bischöfen späterer Jahrhunderte prompt zu echtem Frauenhass weiterentwickelt, indem sie das Menschsein an sich, das »nach Gottes Bild geschaffen sein« für Frauen ausschließen: »Die Frau muss ihr Haupt verschleiern, weil sie nicht Gottes Ebenbild ist. Damit sie als Gewaltunterworfene sichtbar ist. Weil die Sünde durch sie ihren Anfang genommen hat, muss sie dieses Zeichen tragen.«[35]
Nicht Ebenbild Gottes, sondern »Gewaltunterworfene« – das hätte kein Talibanführer und kein IS-Terrorist zynischer sagen können.

Das Gute am Schlechten: Solche Texte beweisen, dass die katholische Kirche weder dem Wortlaut des »Heiligen Paulus« noch den lauten Worten ihrer sonstigen Päpste und Bischöfe kontinuierlich traditionskonform gefolgt ist, sondern im Laufe der Jahrhunderte trotzdem vielen weiblichen Heiligen, wegweisenden Äbtissinnen und weisen Wissenschaftlerinnen Ehre erwies. Heutzutage ist ohne haupt- und ehrenamtliche Frauen gar keine Aktivität einer katholischen Gemeinde mehr möglich. Von der Kita bis zum Hospiz, vom St-Martins-Umzug bis zur Pilgerfahrt der Senioren, vom Grillfest bis zum eucharistischen Hochamt – nichts läuft ohne Frauen, nichts! Manche arbeiten in hauptamtlichen Leitungspositionen, ja, aber vorbehaltlich des Priesteramtes. Haben viel zu tun, aber wenig zu sagen. Immer noch. Trotz Maria 2.0, trotz »Synodalem Weg«, trotz Hunderttausender Kirchenaustritte pro Jahr und einem katastrophalen Priestermangel. Das Mitleid der Öffentlichkeit hält sich denn auch in Grenzen.
Der Text beweist aber auch evangelischen und evangelikalen Christen: Sie unterscheiden mit guten biblischen Gründen zwischen zeitbedingten und zeitlos gültigen Geboten des Neuen (!) Testaments. Ihre vielstrapazierte »Bibeltreue« ist eine selektive, sonst gäbe es keine langhaarigen Bibelschüler und keine kopftuchlosen Lobpreissängerinnen.
Was, Hut ab, selbst Repräsentanten ehemals sehr männerfixierter theologischer Ausbildungsstätten und Bewegungen einräumten und guthießen.[36]

Ganz klar, um nicht missverstanden zu werden: Wir dürfen nicht heutige Erfahrungen und Überzeugungen (über die

Gleichwertigkeit, Gleichwürdigkeit, Gleichberechtigung und Gleichbefähigung von Frauen zum sakralen Amt z. B.) auf historische Figuren projizieren und ihnen dann Vorwürfe machen.

»Wir können nicht frühere Generationen dafür tadeln, dass sie unsere heutigen Einsichten nicht hatten. Ein solches Recht zum Tadel hätten wir nur, wenn unsere Gründe auch ihnen schon zugänglich gewesen wären.«[37]

Oder, als Faustformel für die Autoren und Briefschreiber der Bibel: »Auch längst Verstorbene haben ein Recht auf unser Bemühen, sie verstehen zu wollen.«[38]

Dieses Verstehenwollen – dass Paulus zeitaktuell gute Gründe gehabt haben mag, speziell der Gemeinde in Korinth solche Mahnworte zu schreiben; dass seine Schlussfolgerung aus der Schöpfungserzählung für ihn plausibel war und ihm als die gottgewollte erschien; dass er mangels persönlichem Erleben die Radikalität des Umgangs Jesu mit Frauen nicht wirklich nachvollziehen wollte; dass er als »Kind seiner Zeit« argumentierte – dieses Verstehenwollen muss man nicht als »Irrlehren« brandmarken, »die die Bibel fundamental untergraben«[39], finde ich. Es könnten ja auch, es könnten sogar Zeichen der Wertschätzung sein, die man der Bibel entgegenbringt. Eben weil sie in einer patriarchalen Zeit entstand und doch weit über sie hinausweist.

KAPITEL 11

Darf man Briefe an andere lesen …

…, wenn man nicht im Adressfeld steht?
Das fragte ich einen pensionierten Kriminalbeamten zum Thema »Ende des Briefgeheimnisses?«
Antwort: Ja, darf man, wenn die Schreibenden es erlaubten; wenn es ohnehin ein Brief an die Öffentlichkeit war; wenn der Text als Beweisstück einer Ermittlung eingestuft werden muss oder nach dem Tod der Verfasser der historischen Forschung dient.

Das Neue Testament enthält 21 Briefe, und seit 2.000 Jahren gehen gläubige Menschen ganz selbstverständlich davon aus, die seien an sie persönlich adressiert! Erstaunlich, oder?
Wo doch viele dieser biblischen Briefe eingangs klipp und klar sagen, an wen sie gerichtet sind[1]: Einzelpersonen, einzelne Gemeinden, ganze Gebiete mit vielen Gemeinden. Aber keiner wurde als weltweiter Newsletter verfasst mit der Adresszeile »wer auch immer sich angesprochen fühlt«.
13 Briefe von Paulus oder seinen Schülern, drei von Johannes, zwei von Petrus, je einer von Jakobus und Judas sowie einer

»an die Hebräer«. Und dabei haben wir längst nicht alle.[2] Es gibt viele frühchristliche Texte, die es nicht in unser heutiges Neues Testament geschafft haben.

»Was heißt ›*ins* Neue Testament *geschafft* haben‹?!
Gab's da eine Auswahlredaktion?«
Ja.
300 Jahre lang (!) kursierten in den christlichen Gemeinden rund ums Mittelmeer die genannten unterschiedlichen Briefe, Jesusgeschichten und Heiligenlegenden. Welche Christengruppe welche Autoren und Texte für dogmatisch verbindlich hielt, war sowohl regional als auch individuell verschieden.[3] Kein Wunder in einem multikulturellen Weltreich, das von Gibraltar bis in den Kaukasus, von Schottland bis nach Oberägypten reichte.
Zwei in christlichen Kreisen hochverehrte Autoritäten, Origenes (185-254 n. Chr.) und Eusebius (260-340 n. Chr.), bemühten sich noch, die fliegenden Blätter in »anerkannte«, »umstrittene« und »verworfene« zu unterscheiden. Was vermuten lässt, dass es rege Streitereien um die Authentizität der Berichte und die Gültigkeit der Ge- und Verbote unter den Gläubigen gab. Letztendlich und amtlich den Umfang des Neuen Testaments *entschieden* hat erst Bischof Athanasius von Alexandrien in seinem Osterbrief 367 n. Chr! Nach welchen Kriterien er das tat, darf sein Geheimnis bleiben. Immerhin bestätigten Papst Damasus und eine Bischofsversammlung in Rom 382 n. Chr seine Liste.[4] Damit war, Achtung Fremdwort, »die Kanonbildung« abgeschlossen.

Wieso »Kanon«?
Wenn vier Singende eine Melodie zeitversetzt beginnen, ist das Musikstück ein Kanon. Gemeint ist: Der jeweilige Einsatz muss genau bemessen sein. Was in der Musik für die Zeit gilt, gilt in der Literatur für den Umfang: Mit »Maß«, »Maßband« oder »Richtschnur« bezeichnete das Hebräische die Kordel, mit der mehrere Papyrusrollen zusammengebunden wurden.
Unser Wort »gebundenes Buch« erinnert daran. Diese »bindende Kordel« heißt auf Latein »Canon«. Und was nicht »von der Richtschnur zusammengehalten« wurde, sondern irgendwo herumlag oder herumflog, war »sub omni cánone«. Sagen wir heute noch, wenn etwas den Qualitätsmaßstäben nicht genügt, wenn wir etwas unterirdisch schlecht finden: »Unter aller Kanone!«
Etliche Redaktionssitzungen also: Um welche Papierrollen binden wir die Kordel und was kann weg? Was wird »in den Kanon aufgenommen« und damit für »kanonisch« erklärt? Was gilt als »biblisch«, soll religiös und moralisch verbindlich, soll »Heilige Schrift« sein?

Darüber diskutierte das Judentum in Bezug auf seine eigenen »heiligen Schiften« im 1. Jahrhundert auch: Die »Fünf Bücher Mose«, umgangssprachlich einfach »das Gesetz, die Thora« genannt, entstanden im 9. Jahrhundert v. Chr. »Die Propheten«-Bücher teilweise vor- oder nach dem Untergang des israelischen Nordreiches 722 v. Chr. und dem Ende des judäischen Südreiches 586 v. Chr. Andere Texte erst lange danach, bis in die Römerzeit hinein. Soll z. B. die Spruchsammlung »Kohelet/

Prediger« und das arg erotische »Hohelied« umkordelt, also »heilige Schrift« werden oder nicht?

Solche Debatten haben den jüdischen Normalgläubigen jener Jahre vermutlich nur am Rande interessiert. An Dorfbrunnen und Stammtischen diskutiert man aktuell: Ein paar Spinner behaupten, dieser neulich in Jerusalem gekreuzigte Bauschreiner Joschua aus Nazareth sei der in den heiligen Schriften angekündigte Messias gewesen, und Gott habe ihn durch Auferweckung vom Tod als solchen bestätigt, haha!

Und während diese »Judenchristen« sich schamlos mit »Heidenchristen« verbrüdern, sterben 69/70 n. Chr. Hunderttausende unserer Leute bei der Belagerung und Zerstörung Jerusalems durch die Römer!? Verteidigten vergeblich den Tempel, das Zentrum unseres Glaubens, den zentralen Ort unserer Verbindung mit Gott?!

Die Überlebenden fragen sich jetzt: Wer sind wir noch, was macht uns aus, worauf gründet sich unsere Identität? Wie alle Nachkriegsgenerationen übrigens. Viele Juden, nicht nur die jesusgläubigen, sind in dieser Zeit auf Identitätssuche.

Etwa um 90 n. Chr. legen sie fest, was ihnen »heilige Schriften« sein sollen. Beschließen das, was bis heute als »Altes Testament« in unseren Regalen steht![5] Für die zeitgleich schreibenden jungchristlichen Evangelisten und Briefschreiber war dieser »Kanon« noch keineswegs festgelegt.[6]

Leute, die *alles* im Alten und Neuen Testament als vom Geist Gottes diktiert, absolut normsetzend und moralisch bindend verstehen, zitieren gern einen Satz des Paulus an den jugendlichen Timotheus: »Du kennst von klein auf die Heilige Schrift. Sie kann dir das nötige Verständnis vermitteln, damit du durch den Glauben an Jesus Christus gerettet wirst. Dazu ist jede Schrift nützlich, die sich dem Wirken von Gottes Geist verdankt. Sie hilft, recht zu lehren, die Irrenden zurechtzuweisen, zu bessern und zur Gerechtigkeit zu erziehen.«[7]

»Von klein auf *die Heilige Schrift* gekannt« – das war für den kleinen Timmy »das Gesetz und die Propheten«, die zitieren ja auch Jesus und später Petrus.[8] Also die *Briefe* im Neuen Testament können's nicht sein, die werden ja grade erst geschrieben. Von den vier *Evangelien* könnten es höchstens die zwei älteren sein – Markus und Matthäus. Folgerichtig »gibt es im Neuen Testament keine einzige Stelle, in der mit dem Ausdruck ›Wort Gottes‹ das Neue Testament gemeint ist. Das ist erst ein Sprachgebrauch der Kirche.«[9]

Machen wir uns klar: Die ersten zehn Generationen Christen hatten 350 Jahre lang gar kein Neues Testament! Sie hatten je nach Region, kultureller Prägung und Gründungsfigur ihrer Gemeinde eine höchst unterschiedliche Sammlung von Jesus-Geschichten und Apostelbriefen, die sie in ihren Versammlungen vorlasen und auslegten.

Das war die vielgerühmte »Urgemeinde«? Das war das »goldene Zeitalter der Mission«, als sich der christliche Glaube am rasantesten ausbreitete?!

Ausgerechnet die in den Denkmälern, Skulpturen und Altargemälden katholischer Kathedralen hochverehrten Märtyrerinnen und Märtyrer hatten nicht das, was heutige fromme Leute gern »das ganze unverfälschte Wort Gottes« nennen.

Und nun die Preisfrage: Wussten diese Jesusjüngerinnen und -jünger weniger von Gottes Wesen und Willen als wir heute? Waren sie schlechtere oder dümmere Christen als wir?
Ich meine nicht. Sie vertrauten darauf und erlebten offensichtlich: Gottes Reden und Handeln, die Wirkmächtigkeit des Auferstandenen, die Gaben und Früchte des Heiligen Geistes sind souverän und unabhängig von ihrer Verschriftlichung.
Predigt, Sakrament, Gebet, Feier des Abendmahls und die »praxis pietatis«, ihre gelebte Alltagsfrömmigkeit also, genügten offenbar, um ein attraktiver alternativer Lebensentwurf zu sein für moralisch rigoristische Juden und libertinär hedonistische Römer.
Unsere verehrten »Väter und Mütter im Glauben« glaubten: Gott spricht und handelt. Jesus ist Gottes »menschgewordenes« Wort; die Schöpfung ist Gottes »stoffgewordenes« Wort; Seelsorge, Predigt und Liturgie können Gottes »prophetisches« Wort sein und die Heiligen Schriften sind Gottes »textgewordenes« Wort. Immer aber ist die Bibel nur Werkzeug. Nie der Meister selbst. Und im »apostolischen« (!) Glaubensbekenntnis sonntagmorgens bekennen sich Millionen Christen weltweit seit knapp 2.000 Jahren zum »drei-einigen Gott« und nicht zum »vier-einigen«.
Denn die Bibel ist nun einmal nicht Gott selbst.

Warum lese ich neutestamentliche Texte trotzdem als »Wort Gottes« und beziehe ihr Lob und ihren Tadel, ihre Weisungen und Warnungen auf mich heute, obwohl ich nicht im Adressfeld der Briefe stehen?
Weil ich Jesus glaube, wenn er betet: »Ich habe dich bei den

Menschen bekannt gemacht, die du mir in dieser Welt anvertraut hast, (...) und ihnen die Worte weitergegeben, die du mir aufgetragen hast, und sie haben sie angenommen. Sie haben wirklich erkannt, dass ich von dir gekommen bin, und sie glauben nun, dass du mich gesandt hast.«[10]
An seine Jüngerinnen und Jünger gerichtet sagt er: »Die Worte, die ich zu euch gesprochen habe, sind Geist. Und schenken wahres Leben.«[11]
Weil ich Paulus glaube, wenn er schreibt: »Die Gute Nachricht, die ich verkündigt habe, stammt nicht von Menschen. Ich habe sie nicht von einem Menschen übernommen oder wurde von Menschen unterrichtet. Nein, Jesus Christus selbst hat sie mir offenbart (...) Bei allen Völkern sollte ich ihn bekannt machen.«[12] »Wir haben nicht den Geist dieser Welt empfangen, sondern den Geist, den Gott selbst uns schickt. Davon reden wir nicht in Worten, wie die menschliche Weisheit sie lehrt, sondern wir reden in Worten, die der Geist Gottes lehrt. Mit seinen Worten erklären wir, was er uns offenbart.«[13] »Darum geht es doch in der Guten Nachricht, die ich verkünde, der Botschaft von Jesus Christus. Und darum geht es bei der Offenbarung des Geheimnisses, das seit ewigen Zeiten verborgen war. Jetzt wurde es im Auftrag des ewigen Gottes durch prophetische Schriften enthüllt. Allen Völkern wurde es bekannt gemacht. Denn sie sollten ihm gehorsam sein und den Glauben annehmen.«[14]

Kurz: Evangelien und Briefe des NT sind von Menschen aufgeschrieben und zusammengestellt worden, die von Gottes Geist *inspiriert* waren. Fundamentalisten haben daraus die These einer »Verbal-Inspiration« gemacht, eines göttlichen Diktats, bei dem den Verfassern von magischer Hand der Griffel geführt wurde: »Es ist ganz sicher, dass die Offenbarung sich bis ins einzelne Wort hinein erstreckt.«[15]

Die Frage wäre bloß: In welches einzelne Wort aus welcher Übersetzung? Ohne nähere Begründung wird postuliert: »Der Kanon ist gottgewollt!«[16]

Gemeint ist wahrscheinlich: unser Kanon, der evangelische. Katholiken haben nämlich eine dickere Bibel als Protestanten: zwischen »Altem« und »Neuem« Testament noch acht sogenannte »apokryphe« Bücher aus dem Judentum. Wenn aber der gottgewollte Umfang und das einzelne (deutsche?) Wort der Bibel so und nicht anders diktiert – statt »inspiriert« – wurden, dann kann die Bibel weder Doubletten noch Widersprüche, weder sachliche Fehler noch zeitbedingte Irrtümer enthalten.

Weil ja nicht sein kann, was nicht sein darf.

KAPITEL 12

Kennen Sie die Bhagavad Gita?

Das fragte ich für eine kurze Radiocollage Passanten vor einem Einkaufszentrum. Die schönste Antwort war: »Kann sein, ja. Haben Sie mal ein Foto von ihr? Ich kann mir die Namen dieser indischen Schauspielerinnen so schlecht merken.«
Niemand kannte sie, absolut niemand.

Die Bhagavad Gita ist die »Heilige Schrift« der Hindus. Entstanden ist sie – ähnlich wie die biblischen Texte des Alten Testaments – zwischen dem 5. und dem 2. Jahrhundert vor Christus. Hindus glauben, dieses Buch sei die Selbstoffenbarung Krishnas, der sich nämlich dem Fürsten Arjuna als Gott zu erkennen gab. Dass Gott sich ihnen zu erkennen gab, glauben Juden und Christen von Mose und vielen anderen biblischen Gestalten auch. »Unterschiedliche Auslegungsmöglichkeiten wurden der Mittelpunkt verschiedenster Glaubensrichtungen im Hinduismus«, heißt es bei Wikipedia.
Ach guck – bei den weltweit rund 900 Millionen Hindus also auch?

»Unterschiedliche Auslegungsmöglichkeiten« der Bibel muss es in der ostwestfälischen Kleinstadt Lage besonders viele gegeben haben: Bei 37.000 Einwohnern, die die Stadt hat, sind 39 religiöse Gemeinschaften gemeldet, davon allein 21 verschiedene evangelische Freikirchen. Ein-und-zwan-zig!
Diese Vielzahl kann familiär biographische Gründe haben (»in der XY-Straße machen sie bessere Kindergottesdienste«) oder simpel stilistische (»ich mochte die Musik in YZ nicht«). Meistens jedoch sind es Glaubens- und Gewissensfragen, genuin religiös-moralische Grundsätze, eben »Auslegungsvarianten der Bibel«, warum Einzelne aus einer bestimmten Gemeinschaft austreten oder sich ganze Gruppen abspalten. Wobei sich fast immer die Konservativen von den Liberalen trennen und dann die Konservativeren von den Nichtgenug-Konservativen.
(»Bei denen dürfen Frauen predigen! Unbiblisch!« »Ungetaufte Kinder kriegen das Abendmahl? Geht gar nicht!« »Einem geschiedenen Pfarrer glaub ich kein Wort!«. »Die den Chor dirigiert ist 'ne Lesbe, wetten?«)

Wenn Leute ohne Kirchenbezug solche Abgrenzungsgründe hören, tippen sie sich innerlich an die Stirn: »Wie skurril ist das denn! Gemeinden werden immer reiner, immer kleiner? Und schrumpfen am Ende zur irrelevanten Sekte oder was?« Werden fromme Menschen rechthaberischer, je ernster sie die Bibel nehmen? Eigenbrötlerischer, intoleranter?
Wär' doch schade.
Das landläufige Vorurteil scheint unausrottbar, die Bibel sei im Wesentlichen eine Gesetzessammlung, eine uralte Morallehre,

schlimmstenfalls ein »Sündenregister«. Menschen, die sich »dran halten« – gemeint ist: die möglichst vielen biblischen Verboten gehorchen –, seien nicht mehr gesprächs- oder koalitionsfähig in einer weltanschaulich neutralen Demokratie und offenen Gesellschaft.

Stopp, seien wir fair: Menschen, die sich in ihren Gewissensentscheidungen auf eine für sie »Heilige Schrift« berufen, verdienen zunächst mal Respekt. Weil sie nicht einfach aus egoistischer Bauchnabelperspektive heraus nach dem Grundsatz leben »Gut ist, was guttut«, sondern weil sie Prinzipien haben, weil sie das Richtige tun möchten und sich verantwortlich fühlen für die Zukunft ihrer Familie und der ganzen Gesellschaft. Kinder lernen durch Nachahmung; also ist es sinnvoll, ihnen moralische Grundsätze, Regeln und Strukturen nicht nur zu sagen, sondern auch glaubwürdig vorzuleben. Dass Christinnen und Christen dies auf dem »Fundament« ihres Glaubens an Jesus Christus tun, ist selbstverständlich. Die Erfahrung, dass Gott auch durch uralte Texte aktuell zu heutigen Bibellesenden sprechen kann (»dieser Satz hat mich echt getroffen«, »das Wort hat mich getröstet«, »ich dachte: So isses bei mir gerade!«) nährt ihre Überzeugung, dass die Bibel hilfreich, weise, lesenswert, vor allem aber: vertrauenswürdig ist.

»Christliche Fundamentalisten« sind die Gläubigen dadurch nicht gleich.

Das waren Milton Stewart und Reuben Archer Torrey aus Chicago, als sie von 1910 bis 1915 zwölf Hefte unter dem Titel »The Fundamentals« herausgaben mit einer Gesamtauflage

von rund 3 Millionen Stück. Zunächst polemisierten sie gegen die Evolutionstheorie des Charles Darwin, später gegen im Grunde alle natur-, literatur- und theologiewissenschaftlichen Forschungsergebnisse, sofern diese dem (englischen?) Wortlaut der Bibel ihrer Meinung nach widersprachen. Der Name der Zeitschrift ging auf ihre Leserschaft über: »Fundamentalists«.
Von der stolzen Selbstbezeichnung zum allgemeinen Schimpfwort wurde es durch den »Affenprozess« von Dayton/Tennessee, als der Biologielehrer John Scopes am 21.7.1925 zu 100 Dollar Strafe verurteilt wurde, weil er im Unterricht die biblische Schöpfungserzählung angezweifelt und die Abstammung des Menschen von Affen für möglich gehalten hatte. Was verboten war. Das Urteil gegen Scopes wurde nur wegen eines Formfehlers aufgehoben, das Gesetz selbst erst 1967! Näheres entnehmen Sie gern der Folge »Gott gegen Lisa Simpson« aus der 17. Staffel der beliebten Comicserie …

Auf Muslime angewendet wurde der Begriff »Fundamentalisten« in der Religionswissenschaft schon früher, im allgemeinen Sprachgebrauch fand er wohl erst seit der iranischen Revolution des Ayatollah Chomeini 1980 und dem Kampf der afghanischen Mudschahedin gegen die Sowjet-Armee bis 1989 Eingang.
Prinzipienharte »politische Fundis« unterschieden sich nach dem Einzug der Partei der »Grünen« in den Bundestag 1983 von pragmatisch orientierten »Realos«. Heute kann im Prinzip jeder unter »Fundi«-Verdacht geraten, der an einer Überzeugung festhält oder irgendwas konsequent durchzieht. »Fundi-Tierschützer«, »Fundi-Veganer« …

Ultrakonservative Protestanten in den USA ließen die Blamage von Dayton nicht auf sich sitzen: Ab 1978 formulierten Theologen drei sogenannte »Chikago-Erklärungen« mit 19 Paragrafen, die eine »völlige Irrtumslosigkeit der widerspruchsfreien Heiligen Schrift« behaupten.
Evangelische Christinnen und Christen (die in den USA kirchenrechtlich ja alles Freikirchler sind) nannten sich in liberaler Abgrenzung (!) von solchen Theorien lieber »Evangelicals«, was schlicht »evangelisch« hieß. Heute kennt kaum jemand mehr diese Unterscheidung. Leider. Auch in Deutschland spricht sich nicht medienwirksam rum, was man in den zigtausend Gottesdiensten evangelischer Landes- und Freikirchler live beobachten könnte: Nicht alle Evangelikalen sind Fundamentalisten. Aber alle Fundamentalisten wollen Evangelikale sein.

Wenn nun aber kleine, kulturkämpferisch lautstarke Gruppen an den ultrakonservativen Rändern der Kirchen ihr sehr spezielles Bibelverständnis zum Alleinseligmachenden erklären und von der gesamten Christenheit dasselbe verlangen – dann nennt die Menschheit so was nun mal »fundamentalistisch«: Egal, ob es katholische, evangelische oder freikirchliche Christen sind. Sich selbst absolut setzen, Andersdenkende abwerten und ausgrenzen, die eigene Community »rein« halten, am besten durch Säuberungsmaßnahmen. Und immer genau wissen, wen Gott im Himmel belohnen und wen er bestrafen wird.
Ich fürchte, solches Verhalten hat wenig mit Treue zur Bibel zu tun. Im besten Sinne »aus Überzeugung loyal sein« schließt

doch die Bereitschaft ein, das »Fundament« auf die konkrete Situation und die aktuell Betroffenen hin zu interpretieren, oder?

Seit Herbst 2015 haben wir acht syrische Flüchtlinge in Wohnungen, Lohn und Brot gebracht und bei einigen miterlebt, wie sie bei ihrer Einbürgerung das »Loyalitätsbekenntnis« auf »die freiheitlich-demokratische Grundordnung der Bundesrepublik Deutschland« ablegten. Stehend vor der deutschen Flagge! Ein tränenumflorter Moment. Mit Kloß im Hals. Nicht ganz so feierlich wie die Vereidigung von Polizisten, Beamten oder Politikern, aber immerhin.
Klar ist: Das weiße Büchlein mit dem Titel »Grundgesetz«, das du da mitbekommst, ist die Voraussetzung für den deutschen Pass, den du mitbekommst. Der garantiert dir Freiheit, Schutz, Sicherheit. Jetzt bist du und sind wir alle – sogar der Gesetzgeber selbst! – diesem Text gegenüber rechenschaftspflichtig darüber, ob wir uns »gesetzeskonform«, ob wir uns »verfassungsgemäß« verhalten. Zugespitzt gesagt:
Du gibst ein Gehorsamsversprechen. Frage: Verlangt Jesus das für die Bibel, wie wir sie haben?

Nein.
Denn: Wenn Jesus von »Heiliger Schrift« sprach, meinte er das, was wir heute »Altes Testament« nennen. Es ist aber summa summarum, wie gesagt, aus menschlicher Sicht eine Art Briefwechsel zwischen Gott und Mensch. Ein Dialog, aus dem sich dann Regeln ergeben, deren lebbare Anwendung wieder in Gebet und Gespräch geprüft, verfestigt oder verworfen wer-

den. Es geht weder um Kadavergehorsam einerseits noch um Beliebigkeit andererseits.
Es gäbe keinen der 365 Namenspatrone im Jahreskalender der katholischen Kirche, wenn diese »Heiligen«, Frauen und Männer, die Bibel als bloßen Regelkatalog inklusive Strafgesetzbuch und nicht vielmehr als einen ethischen Kompass verstanden hätten, mit dem sie – auf ihrem je eigenen Kurs – durch das Leben navigieren konnten. Es gäbe keinen jüdischen Pädagogen Janusz Korczak und keinen evangelischen Pfarrer Dietrich Bonhoeffer als Märtyrer des Widerstands gegen die Nazis, wenn sie ihre Glaubens- und Gewissensgründe dafür nicht aus der Bibel abgeleitet hätten. Bis hin zum Opfer des eigenen Lebens. Den Begriff »Märtyrer des Glaubens« haben islamistische Terroristen missbraucht. Den Begriff »Opfer« haben nationalistisch-rassistische Kulturkämpfer in AfD und NPD in Verruf gebracht, die sich als solche inszenieren. Das darf aber ja nicht die Hochachtung verdunkeln, die wir Leuten entgegenbringen, die für ihre Überzeugung Nachteile in Kauf nahmen, Verlust der wirtschaftlichen Existenz, Leiden, Folter oder sogar den Tod.
In Extremsituationen, ja, kann es um Leben oder Tod gehen.

Darum geht es gläubigen Bibellesenden aber auch. Und zwar im denkbar weitesten Sinne: Um »ewiges« Leben und »ewigen« Tod. Post mortem!
»Jeder, der an ihn (Jesus) glaubt, soll nicht verloren gehen, sondern das ewige Leben haben.«[1] Ob sie »in den Himmel kommen« oder nicht, hängt für sehr, sehr viele Männer und Frauen auf der Welt davon ab, ob und wie ernst sie die Bibel

nehmen, in der solche (Gottes-)Worte stehen. Dieses Ernstnehmen sollten auch konfessionslose Menschen bitte ernst nehmen. Und nicht drauf hoffen, dass gläubige Christen »alles nicht so eng sehen«.
Die Lehrerin der Kinder möge »nicht so strenggläubig« sein.
Der Geschäftspartner möge in moralischen Gewissensfragen das mit der Bibel »eher locker angehen«.
Am lockersten für uns alle wäre es, wenn den Christinnen und Christen die Bibel so egal wäre wie die Bhagavad Gita?
Nein, ganz bestimmt nicht.

KAPITEL 13

War Kennedy ein Berliner?

Fragte ich Ehrenamtliche aus drei Kirchengemeinden bei einem Fortbildungsseminar. Niemand antwortete sofort mit »Ja« oder »Nein«.

Die meisten lächelten erst mal stirnrunzelnd und sagten entweder: »gebürtig nicht, aber sozusagen politisch«, oder: »Äh ... na ja ... das meinte er ja mehr so symbolisch.« Eine charmante 83-Jährige lachte: »Ich sach nix. Sie wollen uns nur aufs Glatteis führen, Sie Schlingel!«

»Ich bin stolz darauf, sagen zu können: Ich bin ein Berliner« – damit beendete US-Präsident John F. Kennedy am 26. Juni 1963 seine umjubelte Rede vor dem Schöneberger Rathaus. Würden in 500 Jahren Archäologen, Historikerinnen oder Theologen nur das als »wahr« gelten lassen, wofür es unabhängige Belege gibt, und in allen Berliner Bezirksämtern alle Geburtsurkunden, die ab dem 29. Mai 1917 ausgestellt wurden, prüfen und vielleicht sogar noch die Meldeadressen aller Einwohner Berlins seither – sie kämen zu dem Ergebnis: Der

Mann hat gelogen. Er stammt aus einer Kleinstadt bei Boston/Massachusetts.

Die »Aktenlage« bringt mich der Wahrheit dieses Satzes nicht näher, dem Charisma dieses Mannes nicht und dem Gänsehaut-Moment seiner Zuhörerschaft erst recht nicht.
15 Jahre vorher, am 24. Juni 1948, hatte die russische Armee alle Zugangswege nach West-Berlin besetzt und fast ein Jahr lang den Güter- und Personenverkehr blockiert. 2,3 Millionen Berliner sollten ausgehungert, sollten von Medikamenten und Heizmaterial abgeschnitten werden. Nur durch Versorgungsflüge der Amerikaner, Franzosen und Briten – die sogenannte »Luftbrücke« – blieb die Stadt mit Hilfe der »Rosinenbomber« vital. Am 13. August 1961 hatte die DDR-Führung unter Walter Ulbricht über Nacht »die Mauer« zwischen dem kommunistisch und dem demokratisch verwalteten Teil der Stadt errichtet und die Übergänge von Ost nach West geschlossen. Schnell entstand eine martialische Wallanlage mit Stacheldraht, Minenfeld, Wachtürmen und bewaffneten Patrouillen. Jetzt, im Juni '63, versprach der Präsident der USA den Westberlinern solidarischen Schutz, also nicht weniger als dies: Eine Blockade wird es nie wieder geben und eure Bewegungsfreiheit wird niemand einmauern! Ich, John F. Kennedy, »bin ein Berliner«.

Es gibt eine Methode, Bibeltexte zu untersuchen, die sollte man in konservativeren christlichen Kreisen nur erwähnen, wenn man hundert Meter Vorsprung hat: Die »historisch-kritische Methode«, die »HKM«.

Es geht darum, den Stil, die Gattung und die Absicht von Texten erkennen und voneinander unterscheiden zu können und an »unabhängigen« – also außerbiblischen – zeitgenössischen Texten und Ereignissen zu prüfen und erst dann auszulegen. Zwischen dem Damals der Entstehungszeit und dem Heute der Auslegung zu unterscheiden. »Unterscheiden« heißt auf griechisch »diakrínein«.
Gläubige Bibellesende hörten da nur: »Kritisch? Gottes Wort kritisieren?« Und schon fängt der Ärger an.

Viel*geschmäht* ist die Vorgehensweise der HKM, weil »außerbiblische Quellen« manchmal die biblische Wahrheit so wenig erfassen wie die Berliner Einwohnermeldeämter den John F. Kennedy.
Viel*gerühmt* ist sie, weil ja erst der historische Zusammenhang die Tränen der Rührung, die Kennedys Bekenntnis bei den Berlinern auslöste, erklärt. Erst die Unterscheidung des Gesagten vom im historischen Kontext Gemeinten erklärt mir das Gewicht dieser Aussage: Die Wahrheit, die Wucht und die Wirkung der Worte Jesu werden nicht dadurch geschmälert, dass man sie in ihren historischen Kontext stellt. Auch wenn Jesus so unbekannt war, das Josephus Flavius oder Tacitus oder sonstige jüdisch-römischen Historiker nur wissen, dass er gekreuzigt wurde. Die Bibel »historisch-kritisch« zu lesen kann zu Irrtümern und Missverständnissen führen, kann aber auch die Texte erst richtig zum Leuchten bringen.

Wer hat die erfunden, die HKM? Und warum?
Eine Gestalt wie Richard David Precht gab es in Hamburg

schon vor 300 Jahren: einen Popularphilosophen. Jemanden, der laienverständlich sehr abstrakte Gedankengebäude vereinfachen konnte: Hermann Samuel Reimarus (1694-1768), Professor für orientalische Sprachen, 40 Jahre lang Rektor des »Akademischen Gymnasiums« am Rathausmarkt. Von seinen sieben Kindern überlebten nur zwei. Als er fünf Kinder zu Grabe getragen hatte, übersetzte er das Buch Hiob aus dem Hebräischen ...

Hermann Reimarus schrieb ab 1736 – ich fasse mal 1.500 Seiten zusammen: Wenn man nicht vorschuss-vertrauend unterstellt, die Bibel sei Gottes Selbstoffenbarung und erst durch Anerkennung dieser Offenbarung käme man in den Himmel (früh verstorbene Kinder konnten solche »Erkenntnis« ja gar nicht haben); wenn Bibellesende feststellen, dass von Abraham über Mose bis zu David und Hiob keiner im Alten Testament von *jenseitigem* Heil und ewiger Seligkeit redet und niemand im Neuen Testament echte Beweise für die Auferstehung und die Himmelfahrt Jesu liefert – dann müssten doch auch Anhänger einer »vernünftigen« Religion gleichberechtigte Bürger sein dürfen, selbst unter »gottgewollten« Monarchen.[1]

Was man um 1750 vernünftig fand und was nicht, lasse ich jetzt mal undiskutiert. Gemeint war: ein Glaube, der sich an dem orientieren darf, was unter den gegebenen Bedingungen vernünftig erscheint.

Reimarus ging es zunächst vor allem um politische Bürgerrechte für Andersgläubige. Um Juden, Muslime und Agnostiker z. B.in Staaten, deren Fürsten, Könige und Kaiser sich als »von Gottes Gnaden autorisierte« Machthaber sahen und das »Volk« eigentlich deckungsgleich mit »gläubige Gemeinde«

verstanden. Es ging Reimarus auch, aber nicht vorrangig, um seine Zweifel an »heiligen« Bibeltexten. Weil er aber ahnte, dass man ihn genau darauf reduzieren würde, verbot er die Veröffentlichung des zehnbändigen Werks zu seinen Lebzeiten.

Es sind dann die Kinder, die alles verpetzen ...

Albert und Elise Reimarus, die zwei erwachsenen Nachfahren, sind befreundet mit dem Schriftsteller Gotthold Ephraim Lessing (1729-1781), geben ihm die Manuskripte und dieser veröffentlicht sieben Teile des Werks unter dem reißerisch mysteriösen Titel »Fragmente eines Wolfenbüttel'schen Ungenannten«.

Der kalkulierte Knall funktioniert prompt: An den Universitäten, in Kirchengemeinden, in den Salons des Bildungsbürgertums diskutiert man empört bis beeindruckt, was dieser »unbekannte Aufklärer« da vorschlägt: religiöse Toleranz zum Beispiel. Lessing schreibt das Gedicht und Theaterstück »Nathan der Weise« mit der bis heute berühmten und oft zitierten »Ringparabel«: Wahrheit gibt's in allen Weltreligionen und ein »Christentum der Vernunft« ist allemal besser als eine »orthodoxe Buchstabenhörigkeit«.

Wer der von Lessing »Ungenannte« ist und dass er nicht aus Wolfenbüttel stammt, enthüllt Sohn Albert Reimarus 1814 dann selbst.

Damit war eine Diskussion eröffnet, die seit buchstäblich 200 Jahren läuft. Mal mehr, mal weniger sachlich. 1835 schrieb ein frommer Schwabe namens David Friedrich Strauß »Das Leben Jesu, kritisch betrachtet«, wurde als Theologe gefeuert und war

nach der Abfassung dieser 1.400 Seiten nicht mehr so fromm.[2] Später gaben Theologen wie Adolf von Harnack (1851-1930) oder Ernst Troeltsch (1865-1923) den Bibellesenden drei Hämmerchen in die Hand, mit denen sie jeden Bibeltext abklopfen müssten: Kritik, Analogie und Korrelation. Nichts als »wahr« voraussetzen, alles darf und muss kritisch hinterfragt werden. In der Vergangenheit kann nur geschehen sein, was eine Analogie im Heute hat, was so oder ähnlich immer noch geschieht. Und: Womit »korreliert« der Text, worauf bezieht er sich ursächlich, was hat ihn ausgelöst, von welchen Motiven ist er getrieben, mit welcher Absicht geschrieben?[3]
1921 sezierte Theologe Rudolf Bultmann (1884-1976) mit chirurgischer Präzision die Quellen, aus denen die vier Evangelien zitiert hätten, und plädierte dafür, den vor-österlich historischen Jesus aus Nazareth (über den man nichts Genaues weiß) vom nach-österlichen, »geglaubten« Christus (der in der Verkündigung seiner Nachfolger lebendig ist) zu unterscheiden. Historisch unterscheidend eben – »HKM«.
Dann ging Rudolf Bultmann einen Schritt weiter und schlug 1941 vor, das Neue Testament zu »entmythologisieren«, also die damals erzählte Schale (»Mythos«) vom heute zu erzählenden Kern (dem »Kerygma«) abzupulen.

Hm. Was aber ist mit »Mythos« gemeint?
»Ein Mythos ist, was vielleicht niemals geschah, aber immer geschieht«, hatte der griechische Philosoph Salustios definiert.[4]
Ja, denkt man beim ersten Hören: Abrahams Aufbruch ins Ungewisse, Leas' Kampf um Jakobs Liebe, der Karriere-Neid

zwischen Esau und Jakob – das gibt's jeden Tag, millionenfach. Bloß: Die Schwesternkonkurrenz von Goldmarie und Pechmarie aus Bechsteins Märchensammlung von 1845 gibt's auch jeden Tag.
Warum finden dann manche Leute, die Themen Neid und Eifersucht hätten bei Jakob und Esau eine unvergleichlichere Tiefe, eine weitere Dimension?

Umgangssprachlich meint »Mythos« – zu Recht oder Unrecht – so viel wie »unbewiesene Legende«, durch Endlosschleife kristallin gewordene Erzählung. Allerlei Anekdoten und Schoten, die im Laufe der Jahrhunderte ins Groteske wuchern können: Als Bischof Nikolaus von Pinora (gest. 564 n. Chr.) hörte, dass ein verarmter Adliger seine Töchter ins Bordell verkaufen wolle, stürmte er zornesrot zu ihm und warf drei Goldkugeln in seine Wohnung. Da aber gerade Socken an einer Wäscheleine quer durchs Zimmer hingen, landeten die Kugeln dort. Entstand so der Basketballsport? Nein, so entstand unsere Sitte, am Nikolaustag Äpfel und Nüsse in Socken und Schuhe zu stecken.
Würde man nun ausgerechnet die Auferstehung Jesu in *diese* Kategorie stecken, wäre Jesus nur »in seinen Worten lebendig« – dann wären Goethe und Schiller auch jedes Mal auferstanden, sobald irgendein Theater den »Faust« oder die »Räuber« aufführt.

Die Wirkung dieser zum Kürzel HKM verballhornten »historisch-kritischen Forschung« *an der Basis* – bei Pfarrerinnen und Pfarrern, Religionslehrenden, bei Ehrenamtlichen in Kirche und Diakonie – war zunächst eher negativ, finde ich: Die Göttlichkeit Jesu, die Weisheit seiner Predigten und Gespräche, die Botschaft seiner Wunder, die Bedeutung seines Todes für unser Leiden und Sterben heute, die Konsequenz seiner Auferstehung für unser Trauern und Loslassen – alles geriet unter den Verdacht, naiver Kinderglaube, Irrglaube oder eine Art christlicher Aberglaube zu sein. Zerbröselte in eine vermeintlich »aufgeklärte«, tatsächlich aber empathielose Skepsis, der nichts Immaterielles mehr glaubhaft oder gar tragfähig erscheint. Die Bibel? Für eine werte-orientierte Lebensführung so verzichtbar wie Rübezahl und Rotkäppchen.

Mir ging's da im Studium und geht es im Alltag allerdings genau andersherum. Und bei zahllosen hochengagierten Leuten in Kirche, Kultur, Bildungswesen und Diakonie erlebe ich es auch so exakt gegenteilig: Erst das Wissen und Hinzudenken der soziokulturellen Kulisse, der geografischen, politischen und historischen Verortung biblischer Szenen macht mir klar, dass Jesus eben nicht nur der ehrwürdige Ratgeber-Onkel für Trostbedürftige und Gutmenschen ist und die Vertrauensbeziehung zu ihm eben keine vor-aufklärerische Geisteshaltung. Sondern: Das »historisch-kritische« Bibellesen im betenden Dialog mit dem Auferstandenen hilft mir, knifflige Gewissensentscheidungen nicht immer nur von meinem derzeitigen Bewusstseinsstand und meinen aktuell emotionalen Befindlichkeiten her zu treffen. Sondern? Vom »Wort«. Dem gehörten, gelesenen, aus Erfahrungen interpretierten, vom Heiligen Geist inspirierten »Wort Gottes«.

Der Protest gegen die HKM fiel erwartbar heftig aus. Wutschäumend schon zu Lessings Zeiten Ende des 18. Jahrhunderts bei den pfarramtlich »lutherisch Orthodoxen« auf Kanzeln und Universitätspulten; selbstmitleidig im späten 19. Jahrhundert bei den »Pietisten« in den Landeskirchen; frömmelnd überheblich im frühen 20. Jahrhundert bei den Freikirchlern. Nein, um Gottes Willen: Wir lassen uns doch unsere geliebte Heilige Schrift und ihre Sicherheit gebende Autorität nicht von aufklärerischen Klugscheißern kaputtreden! Das ist blindes menschliches »Klügeln« ohne rechtgeleitete Ehrfurcht, das »genießt zwar den Ruf, weise zu sein, aber es ist nichts wert und befriedigt nur die menschliche Eitelkeit.«[5]

Der im Laufe der Jahrzehnte immer erbittertere Abwehrkampf gegen die HKM hatte (und hat bis heute, finde ich) an der Basis, in den Gemeinden, ähnlich negative Folgen: Fromme Kirchgänger hören bei Predigten nicht nur zu, sondern hören den oder die Predigende ab. Werden biblische Zitate in ihren historischen Zusammenhang gestellt oder gar dadurch relativiert? Verkündet die Pfarrerin oder der Pfarrer das »klare Evangelium«, ist es ein »gläubiger Pfarrer« oder eine »bibelkritische Pfarrerin«?[6] Wie beantworten Gemeindepädagogen die skeptischen Fragen der Konfirmanden und Konfirmandinnen? Kurz: Zwischen Redenden und den Hörenden ist mancherorts eine Atmosphäre des Misstrauens entstanden.

Erst recht zwischen Lehrenden und Lernenden: Nach dem Ende des Zweiten Weltkriegs begrüßten die Westdeutschen euphorisch nicht nur Elvis Presley, den Petticoat, das Kaugummi, John F. Kennedy in Berlin und John Wayne im Fernsehen. Bereitwillig und dankbar begrüßten vor allem konservative Gläubige auch die neu gegründeten deutschen Filialen finanzstarker Missionswerke und privater Bibelschulen aus den USA.[7]

Star-»Evangelist« Billy Graham predigte im Juni 1954 in Düsseldorf und Berlin zu mehr als 100.000 Zuhörern, kam in dreißig Jahren siebenmal wieder, und die meisten seiner Sätze begannen mit »The Bible says …«. US-Pastoren waren einfach lockerer als deutsche Talarträger. Sie waren methodisch effektiv wie ein alerter Autohändler und vor allem: Sie hatten keinerlei Zweifel daran, dass doch völlig klar sei, was »the Bible says«.

Und erst die bekehrten Hippie-Sänger, die Jesus-Rock-Bands und souligen Gospel-Solistinnen aus Kalifornien![8] Viele von ihnen habe ich als Tourmanager oder Übersetzer begleitet und war jedes Mal begeistert, wie viel musikalisch perfekter, professioneller, cooler sie daherkamen als das brave »Danke-für-diesen-guten-Morgen«-Geklampfe auf Evangelischen Kirchentagen.

Dass dieser heiteren Missionarsgesinnung, dem freundlich-siegessicheren Sendungsbewusstsein eines Tages betonharter Fundamentalismus folgen könnte, ahnten wir »anglophilen« Kirchenkids nicht: Zwischen 1977 und 1986 rutschten die drei »Chikago-Erklärungen« auf der Lieferkette frommer US-Importe herbei. Erst in die Buch- und Zeitschriften, dann in die Ausbildungsstätten, dann auf die Kanzeln. Und verlangten lauter Dinge zu glauben, die zu glauben die Bibel selbst gar nicht verlangt: »Da die Heilige Schrift Gottes eigenes Wort ist, das von Menschen geschrieben wurde, die der Heilige Geist ... dabei überwachte, ist sie in allen Fragen, die sie anspricht, von unfehlbarer göttlicher Autorität. *Ihr muss* als Gottes Gebot *in allem geglaubt werden*, was sie bekennt, und *in allem gehorcht werden*, was sie fordert. Da die Heilige Schrift vollständig und wörtlich von Gott gegeben wurde, ist sie in allem, was sie lehrt, ohne Irrtum oder Fehler.«[9]

Tja. Manchmal verursacht die Feuerwehr mit dem Löschwasser einen größeren Schaden als den, den der Brand verursacht hätte, wenn man ihn einfach nur ausgetreten hätte: Plötzlich war das »Christ werden« oder »Gläubig sein« eines Menschen nicht mehr nur an die Taufe, das apostolische Glaubensbekenntnis oder zumindest eine praktizierte Gottesbeziehung gebunden, sondern an die (gedachte) Unterschrift unter eine Einverständniserklärung.

Wenn schon nicht für alle Schäflein, dann aber bestimmt für deren Hirten: Professionelles Religionspersonal – Pfarrerinnen, Gemeindepädagogen, Diakone – wird nicht nur an den theologischen Fakultäten staatlicher Unis, sondern auch an neun Hochschulen der verschiedenen Landeskirchen ausgebildet sowie an weiteren 47 freien Ausbildungsstätten mit zusammen rund 4.800 Studierenden.[10] Um staatlich anerkannte Bachelor- und Master-Zertifikate ausstellen zu können, haben etliche davon die offizielle Akkreditierung von den Kultusministerien ihrer Bundesländer erhalten. Was den Nachweis der »Freiheit von Forschung und Lehre« voraussetzte. Wer aber eine »akademische, ergebnisoffene Forschung« an der Bibel weder leisten wollte, noch leisten konnte, der nannte sich schon seit 1963 »*bibeltreue* Ausbildungsstätte«.

Damit war ein Adjektiv in der Welt, dass es in der Bibel nicht gibt. Ein moralisch wertender Kampfbegriff gegen »treulose« Ausbildungsstätten, Kirchen, Freikirchen, Pfarrerinnen und Pfarrer. Unter den Bibelschülerinnen und -schülern auf dem Campus durchaus steigerbar: Wer ist noch treuer, wer ist der allertreueste?
Natürlich wissen alle – vom Universitäts- und Hochschulabsolventen bis zum ehrenamtlichen Gesprächsleiter eines Bibel-(Haus-)Kreises –, dass sie bei ihrer Bibellektüre nach literarischen Gattungen *unterscheiden* und viele Jesusworte z. B. *ohne* ihren *historischen und kulturellen Kontext* gar keinen Sinn machen oder ihres Aussage-Ziels beraubt würden.[11] Auch die Dozierenden und Studierenden an »bibeltreuen« Schulen wissen, dass die soziale, kulturelle und seelsorgliche Situation der Christen in Korinth von Briefschreiber Paulus anders adressiert wurde als die der Christen in Galatien oder in Rom. Dass man den Prozess und Justizskandal der Kreuzigung Jesu oder die Verhaftungen von Paulus und Silas besser versteht, wenn man sich fürs römische Recht im 1. Jahrhundert interessiert. Nur: Sie geben sich nach innen keine Rechenschaft darüber, dass sie die Bibel immer schon »historisch kritisch« lasen. Nach außen, in die Öffentlichkeit hinein wird beteuert: »Wir sind biblische Fundamentalisten!«[12]

Da finde ich ehrlicher, was der Rektor einer akkreditierten, internationalen, in der Wolle aber »evangelikalen« Hochschule sagte: »Der Begriff HKM ist derart mit ideologischem Ballast behaftet, dass er für den wissenschaftlichen und erst recht für den gemeindlichen Diskurs unbrauchbar geworden ist. Wir bekennen uns in allen Akkreditierungsunterlagen zu einer wissenschaftlichen, historischen und methodischen Arbeit, vermeiden aber diesen Begriff und erklären das auch.«[13]

KAPITEL 14

Gab es verplemperte Jahre Ihres Lebens?

Fragte ich in einem bayerischen Kloster knapp vierzig Teilnehmende eines Seminars für »Führungskräfte 50 plus«. Meist Männer, Mittelständler aus Industrie und Handel, Inhaber oder Geschäftsführer familiengeführter GmbHs. Bei den Frauen zwei, drei Projektleiterinnen in Großkonzernen, CEOs kleiner Dienstleistungsfirmen und freiberufliche Start-up-Kreative.

»Ja, ein paar Jahre gab's schon«, antworteten alle (!) Angestellten.

»Nöö, eigentlich nicht«, sagten die Selbstständigen.

Im Gespräch darüber, was »verplempern« heißen soll, kamen die Begriffe »Investition« und »Sinn« häufig vor. Mal ganz ruhig überlegen: In welche Produkte, Wachstumsziele, Strukturanpassungen und Mitarbeitende habe ich Zeit und Kraft, eigenes und fremdes Geld investiert – und es hat nichts oder zu wenig gebracht?

War es dann sinnlos, oder war es nur zwecklos, aber sinnvoll? Wenn für die Sache selbst wenig, aber für die Person viel dabei herauskam zum Beispiel. Je nachdem, wie man eine Erfahrung nachträglich interpretiert, oder? Genau.

Etwa drei Jahre Lebenszeit und jede Menge Glaube, Liebe und Hoffnung hatten Kleopas und sein Freund investiert, bevor alles krachend zusammenbrach, erzählt Evangelienautor Lukas.[1] Er wirbt um Verständnis für die Blamierten: Uralt und weitverbreitet ist im jüdischen Volk das Vertrauen, Gott werde eines Tages sein Versprechen an König David einlösen, einen »Retter«, einen »Befreier«, einen »Messias« zu schicken.[2] Als Jesus von Nazareth in der Synagoge seiner Heimatstadt Nazareth diese jahrhundertelang feierlich verlesene Verheißung[3] nochmal zitiert und dann nichts weniger behauptet als »heute ist diese Stelle der Heiligen Schrift in eurer Gegenwart in Erfüllung gegangen«[4] – also doll und deutlich sagt: Das bin ich! – da rasten die Leute aus und wollen ihn wegen gotteslästerlicher Anmaßung einen Hang hinunterstürzen.[5]

Kleopas und sein Freund dagegen glauben ihm.

Möchten Teil einer Bewegung sein, die »Arme, Gefangene, Blinde und Unterdrückte« befreit. Sie werden Jesusgläubige, sie arbeiten mit, lassen sich aussenden.[6]

Aber, nun ja, was ist jetzt? Ist das »Reich Gottes«, von dem Jesus immer redet, denn gekommen? Sind wenigstens die Römer entmachtet, sind Armut und Ungerechtigkeit beseitigt? Sind auf dem Golgatha-Hügel himmlische Engel-Heerscharen durch die Wolkendecke gebrochen und haben die grässliche Folter der Kreuzigung beendet? Nein. Gestorben ist er. Causa finita.

»Verplemperte Jahre!«, sagen die beiden Jünger jetzt, nach der Ermordung ihres Hoffnungsträgers. Rückzug aus dem Engagement, ab nach Hause. Ins Dorf Emmaus, 12 Kilometer Gefällstrecke von Jerusalem entfernt. Ein Abstieg, möglicherweise

garniert von Selbstvorwürfen: »Wie blöd kann man sein ...«, »Wir waren zu leichtgläubig ...«
Ein zunächst unerkannter Mitwanderer stellt sich doof – »War was? Is' was?«[7] – und verändert damit die selbstquälerischen Monologe der beiden in einen therapeutischen Dialog.
Sie lassen ihre Enttäuschung und Ratlosigkeit heraussprudeln. Erzähler Lukas verrät uns, den Lesenden: »Während sie noch redeten und hin und her überlegten, kam Jesus selbst dazu und ging mit ihnen. Aber es war, als ob ihnen jemand die Augen zuhielt, und sie erkannten ihn nicht.«[8]
Das Problem: Die beiden verstehen ihre Heilige Schrift nicht mehr. Misstrauen ihrem bisherigen Glauben, bezweifeln das Auferstehungsgejubel der Zeuginnen[9] vom Gartengrab. All die großen Hoffnungshymnen vom »leidenden, aber siegreichen Gottesknecht«[10], all die Königs- und Ehrentitel[11] – alles irrelevant? War Jesus also nicht jener »Menschensohn«, den Seher Daniel in seinen Visionen aus Babylon vorausgesagt hatte?[12]
»Doch!«, sagt der Unbekannte, »und erklärte ihnen, was in der Schrift über ihn gesagt wurde, angefangen bei Mose bis hin zu allen Propheten.«[13]
Ein Schlüsselerlebnis. Das ist bis heute, 2.000 Jahre später, für Christinnen und Christen aller Konfessionen *das* zentrale, *alles entscheidende* Passwort zum Öffnen der Datenbank »Heilige Schrift«.
Warum?
Weil die Frage beantwortet wird: »Sind nicht nur herzerwärmende Weisheitssprüche und poetische Gebete der Bibel Gottes Wort, sondern auch archaisch fremdartige, grausame,

rätselhafte oder kaum zu glaubende Texte?« Jesus selbst sagte: Ja, aber!

Ja, insofern sie Gottes Reden und Handeln in der Geschichte Israels dokumentieren und der Spiritualität des Volkes Gottes Ausdruck geben.

Aber, insofern sie von der Menschwerdung Gottes, von Jesu Kreuzigung und Auferstehung her rückschauend, nachträglich, neu, eben »christologisch«, auf das Leben und den Glauben eines Christen bezogen und interpretiert werden können.

Die Heilige Schrift – und das ist für die zwei sogenannten »Emmausjünger« das, was wir »Altes Testament« nennen – versteht richtig, wer sie auf Christus hin interpretiert. Gottes textgewordenes Wort legt sich selbst zutreffend aus durch Gottes menschgewordenes Wort. Wer glaubt, dass Jesus das ist – »Fleisch gewordenes Wort Gottes«[14] –, der liest und gewichtet alles durch eine christologische Brille.

»Man darf das Alte Testament nicht verachten«, warnte Martin Luther, »man muss es sogar gründlich lesen. Hier wirst du die Windeln und die Krippe finden, in denen Christus liegt.«[15]
Gemessen und gewogen, als verbindlich übernommen oder als zeitbedingt belassen, wird alles an dem einen entscheidenden Maßstab: Christus! »Gott gehorsam sein« bedeutet für Luther nicht, jede Vorschrift akribisch zu befolgen oder möglichst alle Verse wortwörtlich anwenden zu wollen. Gott gehorsam sein bedeutet für ihn: Christus vertrauen. Ihm, seinem Wesen, seiner Haltung, seiner Gesinnung, seinen Absichten Folge leisten.

Haben die ersten Christinnen und Christen das denn gemacht? Ja. Die Zeitzeugen Jesu jedenfalls, die erste Generation: »Jesus tat so, als wolle er weiterziehen. Da drängten sie ihn: Bleib doch bei uns, es ist fast Abend und der Tag geht zu Ende. Er ging mit ihnen ins Haus, später ließ man sich zum Essen nieder. Er nahm das Brot, dankte Gott, brach das Brot in Stücke und gab es ihnen. Da fiel es ihnen wie Schuppen von den Augen und sie erkannten ihn.«[16]

Woran – unsere Redewendung stammt übrigens aus dieser Szene – woran merkten sie, dass ihnen die ganze Zeit der Auferstandene selbst die Bibel erklärt hatte? Dass die euphorischen Frauen vom Gartengrab Recht hatten?

An der Art, wie sich der Fremde vom Gast zum Gastgeber wandelt, das Brot teilt, mit ihnen dieselbe Tischgemeinschaft feiert wie am Vorabend seines Todes. Jesus zeigt sich, »offenbart« sich beim Abendmahl – das geht Christen noch heute so – und aus resignierten Zweiflern werden inspiriert Engagierte: »Brannte unser Herz nicht vor Begeisterung, als er uns die Heilige Schrift erklärte? Sofort brachen sie auf und liefen nach Jerusalem zurück.«[17]

Erstaunlich: Vorhin ging's bei Tageslicht bergab und sie waren ratlos. Jetzt geht's im Dunkeln bergauf und sie sind begeistert. Eine »Wandlung beim Abendmahl«, würden katholische Christen sagen. Als sich das Brot aus Kleopas' Küchenschrank in »Brot des Lebens«[18] gewandelt hatte, wandelte sich die Begriffsstutzigkeit ihrer Köpfe in die Begeisterung ihrer brennenden Herzen.

Jesus in berührenden »heiligen« Momenten und Erlebnissen begegnen, schön und gut. Aber Fundamentalisten warnen doch manchmal, man dürfe nicht den soften Jesus gegen die harte Bibel ausspielen?[19]

»Der Unterschied zwischen einem Hammer und einer Zange ist ein *qualitativer* Unterschied. Der Unterschied zwischen einem Hammer und einem Handwerker ist ein *kategorialer* Unterschied. Eine Person ist kategorial etwas anderes als eine Information oder ein Buch. Eine Person kann man nicht verschriftlichen. Ein Text kann von einer Person erzählen, ihre Bedeutung bezeugen, aber die Bedeutung der Person nicht ersetzen. Die Grundlage des christlichen Glaubens ist die Person Jesus Christus und ›einen anderen Grund kann niemand legen als der, der gelegt ist: Jesus Christus‹.[20] Jesus Christus und die Bibel gehören zusammen, ja, aber nicht in jeder Hinsicht. Jesus sagt von sich: ›Ich bin der Weg, die Wahrheit und das Leben‹[21] und das könnten wir nicht einfach auch von der Bibel sagen. Keines der Glaubensbekenntnisse im Neuen Testament sagt, *die Bibel* würde uns lieben, vergeben, retten, erlösen – alle sind ganz auf Gottes Handeln in Jesus Christus ausgerichtet[22] und deshalb hat die Alte Kirche richtig entschieden: Die Bibel gehört nicht ins Credo. Auch die Sakramente sind auf den *drei*-einigen Gott ausgerichtet. Niemand wird ›auf die Heilige Schrift‹ getauft. Martin Luther hat zwischen dem Rang Jesu Christi und dem der Bibel kategorial unterschieden: ›Jesus ist der Herr auch der Heiligen Schrift. Die Schrift ist der Knecht Jesu Christi.‹«[23]

Will man andere Schlaumeier mit Fremdworten beeindrucken, sagt man »Hierarchisierung!« Geht beim Thema Bibel so: »Vorgeordnet und an höchster Stelle gilt als ›Wort Gottes‹

Jesus Christus in Person. Zweitens ist ›Wort Gottes‹ das von Christus vorgegebene Evangelium. So gilt drittens als ›Wort Gottes‹ das Zeugnis des Evangeliums durch die Apostel.«[24]
Dreht man diese Hierarchie herum, »steht – ausgerechnet bei den Frömmsten – die Einzigartigkeit Jesu Christi auf dem Spiel.«[25]
Die hat bei einigen schon verloren: Knapp 300 evangelikale Freikirchen und Gemeindegruppen in Deutschland gehören zur »Konferenz für Gemeindegründungen KfG«, und deren Glaubensbekenntnis lautet u.a.: »Die Bibel ist die *allgenügsame* Offenbarung Gottes und unsere höchste Autorität für Lehre und Leben.«[26] Buch statt Begegnung? Kein Abendmahl mit dem Auferstandenen mehr nötig? Schade eigentlich.

Aber was bleibt dann vom Alten Testament noch übrig, wenn man es nur auf Christus hin gelten lässt?
Alles. Es ändern sich für den an Jesus glaubenden Leser nur die Kriterien, nach denen er die Anwendbarkeit ihrer Weisungen beurteilt. Auch die nächsten Generationen von »Emmausjüngern« legten Wert darauf, mit dieser »christologischen Sicht« nicht ihre frühere Ehrfurcht gegenüber der Bibel nachträglich zu verkleinern oder die Weisheit und Erfahrung der Texte zu missachten. Sie betonten lediglich, dass die 613 traditionell im Judentum beachteten Ge- und Verbote stellvertretend »erfüllt« wurden. Von Jesus. Dass die Forderungen des Gesetzes von ihm »bezahlt« wurden, also ihr Anspruch an mich »erloschen« und mein menschliches Unvermögen, alle Gebote zu halten, »vergeben« ist.
Paulus, der seine Zeit als rabiater Religionspolizist »verplem-

perte Jahre« nennt[27] und seinen damaligen Stolz, ein gesetzestreuer Jude gewesen zu sein[28], nachträglich »einen Scheißdreck« findet[29], besteht den Rest seines umtriebigen Lebens darauf: Wer sich auf Jesus, dessen Tod am Kreuz und dessen Auferstehung von den Toten beruft wie auf einen Rechtstitel – der oder die ist vor Gott vollständig »gerechtfertigt«. Man könnte sagen: autorisiert o.k.[30]

Paulus zwirbelt unglaublich diffizile Gedankenstränge dazu auf und flicht zwei davon zu einem dicken Zopf zusammen: jüdische Gesetze und Tradition einerseits, Rechtfertigung durch Jesus und Gottes Gnade andrerseits.[31]

Es ging (und geht) nicht darum, allen Nicht-an-Jesus-als-Messias-Glaubenden die Bibel zu entwerten oder wegzunehmen! »Nicht du trägst die Wurzel, die Wurzel trägt dich«, mahnt Paulus.[32] Das war für die Gemeinde in der Weltmetropole Rom ein Balance-Akt, wo man munter multikulti miteinander klarkommen musste. In der Provinz Galatien löste es sogar einen Riesenkrach aus.[33]

Na ja, trotzdem: In der Hebräischen Bibel sieht Gott aus wie Charlton Heston als wütender Mose, im Neuen Testament wie der mitleidstränenvolle Jonathan Roumie in der Netflix-Serie »The Chosen«.

Den Gedanken, es müsse *zwei* Götter geben – den »bösen« der Schöpfung und des Judentums und den »lieben« der Gnade und des Christentums –, den hatte ein Reeder vom Schwarzen Meer auch schon mal. Marcion von Sinope hieß der (85-160 n. Chr.), zog als reicher Rentner nach Rom, spendete der jungen Christengemeinde einen Haufen Geld und forderte, die Hebräische Bibel komplett zu kippen. Es gäbe gar keine Verbindung Vater/Sohn; Jesus sei ausschließlich göttlich und kein Mensch mit »echtem« Körper gewesen usw. usw. 144 n. Chr. spaltete sich die Gemeinde in Rom an dieser Frage. Man gab Marcion die Kohle zurück (!) und die – nicht wenigen – »Marcioniten« als neue christliche Bewegung verdunsteten im Lauf der Jahrzehnte. Weil der Schöpfer böse und die Natur grausam ist, der Geschlechtsverkehr aber etwas sehr Naturhaftes, verbot Marcion seinen Anhängern denselben. Für immer! Kein Sex, kein Fleisch, kein Wein! Wundert mich nicht, dass die Truppe schrumpfte.

Leider völlig unlustig: »Christentum ohne Judentum« – das hat Adolf Hitler schon 1923 propagiert. In seinem Buch »Mein Kampf«: »Indem ich mich des Juden erwehre, erfülle ich das Werk des Herrn.«[34]

Am 13. November 1933 im Berliner Sportpalast stellte die Kirchenpartei »Deutsche Christen« ihr Programm der »Entjudung« der Bibel vor: Altes Testament raus, Neues Testament »reinigen« und her mit einem »arischen« Jesus. Dafür wurde 1939 in Eisenach sogar eigens ein »Institut zur Erforschung und Beseitigung des jüdischen Einflusses auf das deutsche kirchliche Leben« gegründet, kein Witz. Seit 2019 steht da ein Mahnmal.

Apropos Eisenach: Das dortige »Lutherhaus«, ein super sehenswertes Museum, verschweigt die fürchterlich anti-judaistischen Ausfälle des greisen Martin Luther nicht. Die gab es, leider, ja. Dass sich die Nazis 400 Jahre später dankbar seiner Zitate bedienten, dafür kann Luther nichts. Seine Wertschätzung des Ersten, des hebräischen Testaments, klang zur Zeit seiner Bibelübersetzung 1534 so: »Die Heilige Schrift ist wie ein sehr großer weiter Wald, darinnen viel und allerlei Bäume stehen, davon man kann mancherlei Obst und Früchte brechen. Man hat in der Bibel reichen Trost, Lehre, Unterricht, Vermahnung, Warnung, Verheißung und Drohung. Es ist kein einziger großer Baum in diesem Walde, daran ich nicht geklopft und ein paar Äpfel oder Birnen davon gebrochen und geschüttelt hätte.«[35]

Geklopft, geschüttelt und heruntergebrochen hat der emsige Mann das zusammen mit neun Expertenfreunden[36] zwölf Jahre lang, bis man, tusch und täteräa, 1534 »Biblia, das ist die gantze heilige Schrift Deudsch« herausgeben konnte. Keine verplemperten Jahre, wirklich nicht.

KAPITEL 15

Macht ihr einfach, was ihr wollt?

Das fragte die Seminarleiterin einer evangelischen Akademie katholische, muslimische und jüdische Teilnehmende. War halb scherzhaft gemeint, sollte das etwas hochgestochene Thema der Tagung – »Geben autoritative Texte der abrahamitischen Religionen Orientierung in der Postmoderne?« – auf eine Faustformel runterbrechen. Wenn im Gegensatz zu islamistischen, kommunistischen oder autokratischen Diktaturen vom demokratisch-rechtsstaatlichen Europa die Rede ist, fallen doch immer so große Begriffe: »Wertegemeinschaft«, »jüdisch-christliches Menschenbild« oder die Präambel des deutschen Grundgesetzes: »In Verantwortung vor Gott und den Menschen«. Schön. Wenn es aber um konkrete ethische Entscheidungen geht, um »Gewissensfragen«, dann schlagen weder Politiker noch Privatleute einfach die Thora, den Koran oder die Evangelien auf. Oder bitten ChatGPT, die entsprechenden Anweisungen in der Bibel zu finden. Sondern sie und wir handeln nach Sachzwängen, Nützlichkeitserwägungen, persönlichen Befindlichkeiten, nach dem, »was heutzutage allgemein üblich ist«. Und wir handeln, hoffentlich, »nach bestem Wissen und Gewissen«, wie wir umgangssprachlich sagen.

Knapp 200 Jahre lang fanden es englische und amerikanische Christen »biblisch«, Sklaven zu besitzen. Zumal Jesus nichts explizit gegen die Sklaverei gesagt und Paulus einen entlaufenen Sklaven zu seinem Besitzer zurückgeschickt hatte.[1] Bis Politiker wie William Wilberforce (1759-1833) in England, Erweckungsprediger wie Charles Finney (1792-1876) in den USA, die Fluchthelfer des »Underground Railway« wie Harriet Tubman oder Schriftstellerin Harriet Beecher-Stowe (»Onkel Toms Hütte«) aus guten biblischen Gründen gegen die Sklaverei votierten, Abraham Lincoln (1809-1865) sie abschaffte und Martin Luther King (1929-1968) die danach weiter existierende Apartheid gewaltlos beendete.

Jahrhunderte lang galt die Ständeordnung der Gesellschaft, galten Bildung, Berufswahl, Wohlstand oder Prekariat als gottgegebene Schöpfungsordnung. Es waren – u.a. auch – Christen, die für die Gleichheit aller Menschen, für Chancengleichheit, soziale Gerechtigkeit, für hygienische Wohnverhältnisse und medizinische Versorgung kämpften.

Jahrhunderte lang galt die möglichst effiziente Ausbeutung natürlicher Ressourcen als Gottes Auftrag aus der Bibel. Es waren aber auch die Christen, die schon früh für »Frieden, Gerechtigkeit und Bewahrung der Schöpfung« eintraten und bis heute, mit biblischer Begründung, gegen Klimawandel und Artensterben kämpfen.

Seit Kriegs- und Armutsflüchtlinge nach Europa strömen, finden es manche Christen biblisch, sie im Mittelmeer ertrinken zu lassen.[2] Es waren und sind aber Christen, die mit selbstfinanzierten Seenotrettungsschiffen so viele wie möglich retten und mit nervenfetzender Geduld fördern, begleiten und integrieren.

Und wenn's erst mal um Fragen persönlicher Lebensführung geht!
Ob man sich scheiden lassen und wieder heiraten, vor der Ehe miteinander schlafen und ohne Trauschein zusammenleben darf, ob man Verhütungsmittel nehmen, lebenslang kinderlos bleiben, künstlich oder per Samenspende Kinder zeugen und sie in der Erziehung schlagen darf; ob das *Gebot,* »die Eltern zu ehren«, im Umkehrschluss *ver*bietet, sie ins Pflegeheim zu stecken; ob das Gebot »Du sollst nicht töten« jede qualvoll lebensverlängernde Maßnahme an Sterbenskranken legitimiert und einen erwünschten »assistierten Suizid« verbietet; ob jede Abtreibung, auch die nach einer Vergewaltigung, öffentlich als Mord geächtet und strafverfolgt werden muss; ob Lesben Pfarrerinnen und Schwule Pfarrer werden dürfen und ob Heteros sie dann segnen und trauen dürfen; ob man als frommer Christ von Beruf Bomberpilot, Aktienspekulant, Luxusauto-Händler, Model oder Showtänzerin werden darf; ob Christen Alkohol, Nikotin oder Fleisch konsumieren sollten und – das z. B. war eine ernsthafte Frage in der Generation und Gemeinde meiner Großmutter – ob man bei Jesu triumphaler Wiederkunft mit-entrückt und gen Himmel gehoben wird[3], wenn man gerade im Kino sitzt.

(Antwort: Nein. Deshalb sicherheitshalber nicht dort sitzen). Klingt so lustig wie die fromme Mahnung: »Ein Bein, das sich zum Tanzen regt, wird im Himmel abgesägt!«, hat aber vermutlich zig Generationen Teenager in Gewissensnot und Schuldgefühle verstrickt, in heimliches Doppelleben, bigotte Doppelmoral und in echte, falsche oder geheuchelte Reue geführt.

Die stark vereinfachende Frage an Seminarteilnehmer aus drei Buch-Religionen war deshalb durchaus berechtigt: »Macht ihr, was ihr wollt?«
»Nein«, sagte ein sunnitischer Imam, »natürlich leben wir nicht frei Schnauze. Wir befolgen den Koran.«
»Nein«, sagte eine katholische Pastoralreferentin, »wir haben die Bibel und den Papst, das sogenannte Lehramt.«
»Macht *ihr* denn, was ihr wollt?«, fragte ein Rabbiner die evangelische Leiterin.
Alle lachten. Das sei typisch für seinen Glauben, erklärte er, immer Rückfragen zu stellen. »Warum?«, fragte ein Teilnehmer. »Warum nicht?«, kam's zurück.

Gläubige Menschen anerkennen ihr Heiliges Buch als Autorität. Und das nicht etwa als eins von tausend Ratgeberbüchlein, sondern als – Achtung Fremdwort – »Norma normans«, als Gerät also, das alle anderen Messgeräte eicht, kallibriert, programmiert. Als normsetzende Norm eben. Nicht nur für strafbewehrte Vergehen, die man in Gesetzen verbieten kann, sondern auch für lebensförderliches Verhalten, das man nicht befehlen, nur empfehlen kann.

Auf Lutherdeutsch hieß das: »ein Gott wohlgefälliges Leben führen«. Auf altem Volksdeutsch: »tun, was sich gehört und anständig ist«. Auf Neudeutsch: »emotionale und soziale Kompetenz zeigen«.
Die Autorität als normsetzende Norm haben »Heilige« Schriften, weil ihre Leserinnen und Leser glauben, dass sie »vom Geist Gottes inspiriert« sind.

Warum glauben die das?
Muslime und christliche Fundamentalisten sagen: weil ein Diktat stattfand. Die Inspiration geschah durch direkte, von keinem menschlichen Einfluss getrübte Eingebung.
Katholiken sagen: Weil die Apostel, die Bischöfe, die Märtyrer der ersten Jahrhunderte dies glaubten. Die »Inspiration der Bibel« entdeckten sie nicht aus ihrem eigenen literarischen oder theologischen Urteilsvermögen heraus, sondern, nun ja, aus Gehorsam ihren hochverehrten »Vätern« gegenüber.
»Ich würde dem Evangelium nicht glauben, wenn mich nicht die Autorität der Kirche dazu bewegte«[4], schrieb Aurelius Augustinus (354-430 n. Chr.), der später dann seinerseits als Lehr-Autorität geachtet wurde.

Paulus z. B. sagt, er habe seine Botschaft direkt »empfangen«: »Die Gute Nachricht, die ich verkündet habe, stammt nicht von Menschen, nein, Jesus Christus selbst hat sie mir offenbart.«[5] Mit reichlich Schaum vorm Mund beansprucht er sogar göttliche Lehrautorität – »wer immer euch etwas anderes verkündet als das, was *wir* verkündet haben, der soll verflucht sein!«[6] Andererseits unterscheidet er klar zwischen »einer kla-

ren Anweisung vom Herrn«[7]und dem, was er persönlich empfehlen würde, was also *»nicht vom Herrn«* gesagt sei.[8]
Damit das auch weiterhin unterscheidbar bleibt und nicht Hans und Franz mit privaten Lehren um die Ecke kommen (was im Gefolge der Reformation prompt passierte), legte das Konzil von Trient 1549 fest, die Bibel sei nur *zusammen mit der Tradition der Kirche* Grundlage und Orientierung des Glaubens. Papst Gregor XVI. setzte 1845 noch einen drauf und verfügte, es sei besser, wenn Laien die Bibel überhaupt nicht selber läsen.[9] Was sie auf Latein in der Messe hörten, reiche völlig. Da reichte es dann vielen katholischen Theologen, bis heute. Aber das ist eine andere Geschichte.[10]

Juden sagen: weil sich die Inspiration kontinuierlich weitereignet. Im Dialog der Gläubigen mit Gott, mit dem Rabbi, mit der Gemeinde und Familie. Im Gespräch stellt sich heraus, in *welchem* Fall *welche* Gesetze *wie* anzuwenden sind. »Kasuistik« nennt man das – wir würden sagen »Einzelfall-Anwendung« – und genau danach fragt z. B. ein Pharisäer, als Jesus mal so pauschal »Liebe deinen Nächsten!« raushaut.[11]
Den wenigsten fällt auf: Es gibt keinen »jüdischen Papst«. Es gibt kein für alle Jüdinnen und Juden weltweit geltendes »Lehramt«. Im Gegenteil, »mit ihrer betont diskursiven Glaubenspraxis sind Juden zu Meistern von Sprache, Schrift, Interpretation und Debatte geworden.«[12] Ich habe im Laufe von 30 Jahren Fernsehen- und Radio-machen etliche wunderbar weise, witzige Rabbiner kennengelernt, die sagten: »zwei Rabbiner, drei Meinungen. Und vier, wenn du sie fragst, was erlaubt ist.«

Rabbi Walter Rothschild geht sogar so weit zu sagen: »Abtreibung, sexuelle Freiheit, Homosexualität – über jede dieser Fragen kann man kontrovers diskutieren. Wenn man alles ablehnt, ist es Angst vor Veränderungen.
Wenn jemand sagt: Ich muss dich töten, denn du bist ein Ungläubiger und Sünder, dann könnte man antworten: Warum vertrauen Sie nicht darauf, dass Gott das tut? Warum müssen Sie das tun? Die Ängstlichen glauben nicht an Gott, sondern an ihren Glauben an Gott.«[13]

Und die Evangelischen?
»Vor 30 Jahre las niemand die Bibel«, erzählt Martin Luther 1538 bei Tisch, »sie war so gut wie gänzlich unbekannt. Als ich 20 war, hatte ich noch keine gesehen.«[14] Kinder hörten nicht etwa biblische Geschichten, sondern Heiligenlegenden; lernten Marienlieder und Segenswünsche. Bibelkenntnis war keine Voraussetzung, um Priester zu werden.[15]
Luther schreibt – als immer noch gläubiger Katholik und inzwischen promovierter Dozent an der Uni Wittenberg – drei Bücher[16], in denen er zwischen der göttlichen Inspiration der Bibel und der der Kirche unterscheidet. Diese freche Untergrabung kirchlicher Lehrautorität soll er am 18. April 1521 auf dem »Reichstag« in Worms – einer Art G-7-Gipfel des mittelalterlichen Europas – vor Kaiser Karl V. und den Vertretern des Papstes widerrufen.
Nicht erklären, verteidigen, relativieren, nein – widerrufen!
Den Scheiterhaufen quasi in Sichtweite, sagt »das Mönchlein«: Der Papst steht autoritativ nicht *über* der Bibel, sondern *unter* ihr und ist dem Kirchenvolk gegenüber rechenschaftspflichtig.

Jede und jeder Getaufte ist zum Lesen, Auslegen und Anwenden der Bibel berufen, es gibt ein »allgemeines Priestertum«[17] aller Jesusgläubigen. Jeder Christ muss *seinem* an die Bibel gebundenen *Gewissen mehr gehorchen* als den Dogmen der Kirche.[18]

Peng. Schnappatmung bei den Herren aus Rom. Bluthochdruck auf der Regierungsbank. Unruhe auf dem Kaiserthron. Luther biegt in die Zielgerade ein: »Wenn ich nicht durch die Zeugnisse der Schrift und klare Vernunftgründe überzeugt werde – denn weder dem Papst noch den Konzilien allein glaube ich, da feststeht, dass sie öfter geirrt und sich widersprochen haben –, so bin ich durch die Stellen der Schrift, die ich angeführt habe, überwunden in meinem Gewissen und gefangen im Worte Gottes. Daher kann und will ich nichts widerrufen, weil es weder sicher noch heilsam ist, gegen das Gewissen zu handeln. Gott helfe mir. Amen.«[19]
Die Wucht und Wirkung dieser Rede kann kaum überschätzt werden: Ein Mensch beruft sich auf das, was er selbst (!) in der Bibel gelesen hat, was sein von der Bibel geprägtes Gewissen ihm intuitiv rät und was ihm »vernünftig« zu tun erscheint. Damit ist die höchste moralische Instanz an drei Deckendübeln verschraubt: Wort Gottes, Gewissen und eigenes Denken.
Die »Inspiration durch den Heiligen Geist« findet in allen dreien und im Trialog miteinander statt.

Martin Luther beanspruchte, selbstständig glauben, denken und schlussfolgern zu dürfen und danach sogar handeln zu müssen. Das hat er gemacht. Als Kind seiner Zeit und Kultur natürlich, was sonst.

Der Mensch sei so unmittelbar und persönlich Gottes Gegenüber, dass er die Gewissensfreiheit beanspruchen darf – und in der praktischen Konsequenz damit die Freiheit der Wissenschaft und der Kunst, die Pressefreiheit, die Gewissens- und Religionsfreiheit, die Versammlungs- und Meinungsfreiheit. Sagen wir heute.
Im April 1521 sind alle diese Rechtsgüter so unvorstellbar wie ein Handy in der Hosentasche. Aber ab da entfaltet sich eine Emanzipation des Individuums: Gott gibt mir das Recht, »Nein« sagen zu dürfen, und nimmt mich in die Pflicht, »Nein« sagen zu müssen. Ich habe Freiheit und ich habe Verantwortung. Die Freiheit darf mir niemand nehmen und die Verantwortung kann ich an niemanden abgeben. Beide sind Grundlage des Menschenbildes der folgenden Jahrhunderte. Grundlage jeder humanen Rechtsordnung bis heute.

Ab September 1522 ist das kein Gedankenspiel von Philosophen, Juristen und Theologen mehr, sondern Stammtischthema überall: Luthers Übersetzung »Das Newe Testament Deutzsch« kommt auf den Markt, kostet das Jahresgehalt einer Hausmagd, verkauft sich aber wie geschnitten Brot. 17 Auflagen in wenigen Jahren und »die Mutter im Hause, die Kinder auf der Gasse und der einfache Mann«[20] können und dürfen plötzlich Bibel lesen und selbst entscheiden, welche Worte sie »vom Geist Gottes inspiriert« und damit verbindlich normsetzend finden und welche nicht.

»Das wär' ja noch schöner! Von wegen!«, protestieren katholische Kirche und absolutistische Monarchen, als Luthers geistige Funken einen gesamtgesellschaftlichen Flächenbrand entflammen. Aber die Selbstermächtigung theologischer Laien ist nicht mehr zu stoppen: Schon 1525 *taufen sich* in Zürich ein Konrad Grebel und ein Jörg Blaurock *gegenseitig*. Die »Täuferbewegung«, später »Mennoniten« genannt, ist auf der Welt.

Die Konsequenz aus dem Priestertum *aller* Gläubigen: Es entstehen »kongregationalistische« Kirchen, basisdemokratisch organisierte, deren oberste Autorität gar keine oberste, sondern eine gemeinsame ist.

Die Pietisten innerhalb der protestantischen Landeskirchen, die Quäker, die Baptisten, Methodisten, Adventisten, Pfingstler – sie alle haben keinen garantiert geistinspirierten moralischen Ansager an der Spitze. Im Grunde berufen sie sich darauf, dass Paulus mit »wir« eigentlich *sie* meinte, als er schrieb: »*Uns* hat Gott das Geheimnis (der Menschwerdung Gottes in Christus) durch den Heiligen Geist enthüllt. Es ist eine Weisheit, die nicht aus dieser Welt stammt. Davon reden wir. Nicht in Worten, wie sie die menschliche Weisheit lehrt, sondern *wir reden in Worten, die der Geist Gottes lehrt.*«[21]

Der Nachteil dieses sehr hohen Anspruchs: In einer »Frei«-Kirche – eben drum heißt die so – kann jede und jeder sagen, was Sache sein soll und von Gott geboten wäre, zu tun. Sarkastisch formuliert: Luther wollte das »Priestertum aller Gläubigen«. Gekommen ist das »Papsttum aller« …

Der Vorteil dieser Sicht von »Inspiration«: Evangelische Christinnen und Christen halten sich die Option offen, dass der Heilige Geist auch durch Predigt und Gottesdienstliturgie,

gemeinsames Singen und Beten, durch Rituale und Symbolgesten, seelsorgliche Gespräche und Beratung »spricht«. Luther nannte das die »lebendige Stimme des Evangeliums«, wenn sich im Dialog der Gemeinde Entscheidungen herauskristallisieren. Ethisch-moralische Entscheidungen, die möglicherweise sogar bisherige Überzeugungen korrigieren.
»Wir bekennen das Recht und die Pflicht des persönlichen Urteils bei der Schriftauslegung«, betonten die Gründer der »Evangelischen Allianz« 1846 in London. Eine Art Dachverband protestantischer Landes- und Freikirchen, Initiativen und Vereine, dessen deutsche Vertreter diesen Passus 1972 prompt wieder kippten. Aus Angst vor allzu viel Gewissensfreiheit und Individualismus?
Mit der Erfahrung (!), dass auch unerkannte Weggefährten die inspirierte Stimme des auferstandenen Christus sein können[22], liegen Protestanten nicht weit entfernt von einer Zusage Gottes, die im Judentum eine »dialogischen Ethik« begründet: Uns »mit den Augen zu leiten«.[23]

Das antwortete die Akademie-Leiterin dem sympathisch humorvollen Rabbiner auf seine Rückfrage: »Macht *ihr* denn einfach, was ihr wollt?«
»Nee. Wir befolgen nicht blind buchstabengläubig alles, was in der Bibel geboten ist. Wir haben kein päpstliches Lehramt, an dessen Autorität wir unsere Verantwortung weiterreichen können. Wir hoffen darauf und beten darum, dass Gott uns mit seinen Augen leitet. Dass wir Blickkontakt halten. Fragend, sensibel, im Gespräch miteinander.«

Statt eines Nachworts

Niemand muss ja die Bibel lesen.
Ihre Geschichten aufrüttelnd finden.
Ihre alten Worte, ihre fremden Gedanken.
Aber woher eigentlich
bekommt diese Welt ihre großen Ideen?
Was verleiht Europa denn eine Seele?
Was soll unser Zusammenleben halten?
»Eine Wertegemeinschaft«, heißt es dann manchmal.
Aber woher nehmen, wenn nicht lesen?
(...)
So sehr, wie die Rituale, Worte und Weisungen
eine Gemeinschaft brauchen, die sie im Gedächtnis behält,
so sehr braucht jede Gemeinschaft Worte, die sie begründen.

*Christina Brudereck**

Anmerkungen

KAPITEL 1 Was ist Ihnen heilig?

1 Johannes 4, 24.
2 Matthäus 5, 21f, 27f, 33f.
3 Matthäus 12, 2-12.
4 Matthäus 12, 46f.
5 Lukas 10, 38-41.
6 Lukas 19, 5-7; Lukas 7, 37f.
7 Genesis (1. Mose) 1, 26a.
8 Lukas 19, 10.

KAPITEL 2 Warum sagten Sie Ja?

1 1. Johannesbrief 4, 16.
2 Römerbrief 5, 5 und 2. Korintherbrief 4, 6.
3 Zit. n. Evelyn Finger: *Wir müssen uns zuerst selbst bekehren,* in: DIE ZEIT vom 2. März 2023, S. 58. Lesenswert: Walter Kardinal Kasper: *Barmherzigkeit. Grundbegriff des Evangeliums, Schlüssel christlichen Lebens,* Freiburg i.Br./München 2012.

KAPITEL 3 Ist das Kultur oder kann das weg?

1 Heinrich Heine: *Romanzero.* Mit einem Nachwort von Joseph A. Kruse, Frankfurt/M. 1981, in: Ernst Elster (Hrsg.): *Heine. Sämtliche Werke. Kritische Gesamtausgabe,* Band I, S. 485f, Leipzig 1887.

2 Exodus (2. Mose) 13, 9 u. 16.
3 Genesis (1. Mose) 9, 13-17.
4 *Wednesday Morning 3 a.m.*, Titel *You can tell the world (Joy Joy Joy)*, *Go tell it on the mountains* und *Benedictus*.
5 *Slow Train coming*, Titel *Man gave names to all the animals*, *Do right to me Baby* und *When he returns*.
6 Titel *Kingdom come* und *Still haven't found what I'm looking for*.

KAPITEL 4 Wer schrieb zuerst was über Jesus?

1 Lukas 10, 1.
2 Markus 3, 14-16.
3 Apostelgeschichte 8, 1-3.
4 Apostelgeschichte 9, 3-5.
5 Apostelgeschichte 9, 18.
6 Apostelgeschichte 9, 11.
7 Apostelgeschichte 9, 17-19.
8 Galaterbrief 1, 17b.
9 Galaterbrief 1, 18.
10 Galaterbrief 19.
11 1. Korintherbrief 15, 3.
12 Aramäisch für *Petrus*.
13 Luther und andere Übersetzungen sagen *Missgeburt*.
14 1. Korintherbrief 15, 3b-9.
15 Markus 14, 51.
16 Apostelgeschichte 12, 12.
17 1. Petrusbrief 5, 13.
18 Apostelgeschichte 15, 36-39; Kolosserbrief 4, 10.
19 Matthäus 9, 9.
20 Kolosserbrief 4, 14; 2. Timotheusbrief 4, 11.
21 Zit. n. Karl Maly: *Wie entstand das NT?*, Katholisches Bibelwerk, Stuttgart 1972, S. 42.
22 Lukas 2, 1f; Matthäus 27, 11-26.
23 Matthäus 24, 1f.

24 1. Petrusbrief 6, 6f.

25 Johannes 9, 22 und 34ff; 14 ,42; 16, 2.

26 Apostelgeschichte 18, 2.

27 Römerbrief 16, 3.

28 Oscar Paret : *»Die Bibel. Ihre Überlieferung in Druck und Schrift«*, Stuttgart 1966, zit. n. Alexander Schick: *Das wahre Sakrileg. Die verborgenen Hintergründe des Da-Vinci-Codes,* München 2006, S. 103.

29 Ebd., S. 62.

30 Eusebius von Caesarea: *Historia ecclesiastica III*, 39, 9; zit. n. Ulrich Körtner: *Papias von Hierapolis,* Göttingen 1983.

31 Eusebius, ebd. Eusebius von Cäsarea (260 n. Chr. – 340 n. Chr.) mag die ›Fünf Bücher Darstellung der Herrnworte‹ des Papias nicht besonders, findet ihn selbst sogar ›geistig sehr beschränkt‹ – hat dieses Werk aber offenbar noch in den Händen! Traum aller Archäologie-Fans: Eines Tages die Papias-Texte finden ...

32 Matthäus 10, 2-4.

33 Lukas 10, 1.

34 Johannes 6, 5-7; Johannes 12, 20-22; 14, 7-11.

35 Eusebius von Caesarea: *Historia ecclesiastica III,* 31, 2f; 24, 2-3.

36 Eusebius, ebd.

37 Irenäus, *Adversus Haereses III,* 3 und 4. Fontis Christiani, Band 8/3, Freiburg i.Br. 1995.

38 Gerd Buschmann (Übers. und Komm.): *Das Martyrium des Polykarp,* Göttingen 1998.

39 *Glaubensbasis der Evangelischen Allianz Deutschlands,* vgl.: https://www.ead.de [aufgerufen am 02.11.2023].

40 Gerhard Hörster: *Markenzeichen bibeltreu,* Witten 1990, S. 27.

KAPITEL 5 Soll ich das wörtlich nehmen?

1 Matthäus 5, 18.

2 Lukas 4, 9-11, zitiert Psalm 91, 11f.

3 Deuteronomium (5. Mose) 6, 16.

4 A. J. Jacobs: *Die Bibel & ich. Von einem, der auszog, das Buch der Bücher wörtlich zu nehmen,* Berlin 2007, S. 9ff.

5 Ebd., S. 10, 11 und 34 in Auswahl.

6 Sprüche 23, 13: »Schrecke nicht davor zurück, deinen Sohn mit Härte zu erziehen / Bestrafe ihn mit dem Stock, er wird davon nicht sterben.«

7 Deuteronomium (5. Mose) 15, 19-28: »Hat eine Frau ihre Monatsblutung, soll sie sich sieben Tage zurückziehen. Alles, worauf sie sich setzt, wird unrein.«

8 Numeri (4. Mose) 15, 32-36: »Da fiel ihnen ein Mann auf, der am Sabbat Holz sammelte. Da sagte der Herr zu Mose: Der Mann muss auf jeden Fall sterben. Die ganze Gemeinde soll ihn steinigen.«

9 A. J. Jacobs: a.a.O., S. 15, 62, 239 und 388.

10 Deuteronomium (5. Mose) 6, 5 und Leviticus (3. Mose) 19, 18; zitiert nach Lukas 10, 27f.

11 Matthäus 22, 40.

12 Matthäus 5, 17.

13 Römerbrief 7, 6.

14 2. Timotheusbrief 4, 13.

15 Matthäus 5, 29f.

16 Matthäus 19, 12.

17 C. Markschies: *Origenes*. In: *Religion in Geschichte und Gegenwart* (RGG). 4. Auflage, Band 6, Tübingen 2003, Sp. 657-662.

18 Lukas 10, 19.

19 http://religion.orf.at/stories/2723793/ORF.at vom 29.7.2015 zitiert »Kentucky man dies of snake bite in church« aus »The Guardian« vom 28.7.2015 [aufgerufen am 10.10.2023].

20 Deuteronomium (5. Mose) 20, 13: »Schläft ein Mann mit einem Mann, wie man mit einer Frau schläft, sind beide des Todes schuldig.«

21 Zit. n. DIE ZEIT vom 22.6.2023, S. 61.

22 Zit. n. Norbert Schäfer im »pro«-Medienmagazin und epd Süd vom 22.6.23.

23 Römerbrief 1, 27 und 32.

24 https://www.ekd.de/Portalsuche-276.htm?q=Mit+Spannungen+leben+1996&search-pdf

25 Jeremia 13, 23: »Kann auch ein schwarzer Mensch seine Hautfarbe ändern oder ein Leopard die Flecken auf seinem Fell? Genauso wenig könnt ihr euch ändern und Gutes tun. Ihr seid doch an das Böse gewöhnt!«

26 Galaterbrief 3, 27f.

27 Martin Benz: *Wenn der Glaube nicht mehr passt. Ein Umzugshelfer,* Neukirchen-Vluyn 2022, S. 53-65.

28 1. Korintherbrief 11, 10.

29 1. Korintherbrief 14, 34f.

30 Zit. n. *Zeitzeichen* 4/2015, S. 71.

31 Zit. n. Georg Schwikart: *Requiem für meinen Glauben. Was ich getrost begraben darf und dadurch an Leben gewinne,* Würzburg 2022, S. 30.

KAPITEL 6 Hatte Eva einen Bauchnabel?

1 Genesis 2, 22.

2 Thomas Henry Huxley: *Evidence as to Man's place in nature* und seine öffentliche Debatte mit Bischof Samuel Wilberforce an der Oxforder Uni 1860. Der Sohn jenes legendären William Wilberforce, der 1807 im Parlament ein Verbot des Sklavenhandels durchgesetzt hatte, galt als hohe moralische Autorität und sollte als Naivling diskreditiert werden.

3 Psalm 90, 4: Tausend Jahre sind vor dir wie der Tag.

4 In den USA, Kanada, Großbritannien und Australien die *Answers in Genesis*- und die *Creation Science Association* sowie das *Institute for Creation Research;* in Deutschland die *Studiengemeinschaft Wort und Wissen.*

5 Michael Blehe: *Darwins Black Box. The Biochemical Challenge to Evolution,* New York 1996, zit. n. Hansjörg Hemminger: *Und Gott schuf Darwins Welt. Schöpfung und Evolution, Kreationismus und intelligentes Design,* Gießen 2009, S. 144.

6 Zit. n. Matthias Schleif: *Darwins Problem,* in: Zeitzeichen, Heft 1/2018, S. 44.

7 Zit. n. Prof. Frank Lüdke, in: Dran Next, Heft 4/2016, S. 59.

8 Manfred Lütz: *Gott. Eine kleine Geschichte des Größten*, München 2007, S. 113.

9 Hemminger, a.a.O., S. 49.

10 Herbert Schnädelbach: *Religion in der modernen Welt*, Frankfurt/M. 2009, S. 80.

11 Z. B. der »Humanistische Bund« oder die »Giordano-Bruno-Stiftung«.

12 Genesis (1. Mose) 2, 15.

13 Hemminger, a.a.O., S. 47.

14 Wie z.B. Humangenetiker Francis S. Collins, dem 2003 die Entschlüsselung des menschlichen Genoms gelang; lesenswert: *Gott und die Gene. Ein Naturwissenschaftler begründet seinen Glauben*, Gütersloh 2007; oder Astrophysiker Heino Falcke, der 2019 mit dem Foto eines »schwarzen Lochs« die Astronomie und Einsteins Theorie von der Krümmung der Raumzeit vorantrieb; lesenswert: *Licht im Dunkeln. Schwarze Löcher, das Universum und wir.* Mit Jörg Römer, Stuttgart 2020.

15 Genesis (1. Mose) 1, 1.

16 Siegfried Zimmer: *Genesis 1*; Vortrag Friedenskirche Ludwigsburg 2002.

17 Genesis (1. Mose) 1, 3f.

18 Genesis (1. Mose) 1, 26f.

19 1. Johannesbrief 4, 16

20 Adaptiert aus Martin Benz: *Wenn der Glaube nicht mehr passt. Ein Umzugshelfer*, Neukirchen-Vluyn 2022, S. 67.

21 Gerhard von Rad: *Altes Testament Deutsch*, 1953; Claus Westermann: *Genesis 1-11*, Darmstadt 1985.

22 Aus dem »Paradies« entspringen vier geographisch bekannte Flüsse im heutigen Irak; Genesis 2, 11-14.

23 Genesis (1. Mose) 2, 7

24 Genesis (1. Mose) 1, 16f.

25 Genesis (1. Mose) 1, 28.

26 Ich bitte um Nachsicht: Es fällt schwer, nicht kabarettistisch polemisch zu werden. Von Vertretern der genannten drei US-Stiftungen ist zu hören, Knochenfunde von Ur-Menschen, versteinerte Ablagerungen ausgestorbener Tiere etc. seien von Gott bereits so erschaffen worden, um ungläubige Archäologen zu foppen. Aus Platzgründen hätte Noah zwar keine Dinosaurier, aber deren Eier mit an Bord genommen usw. Deutsche 6-Tage-Kreationisten argumentieren einfacher: Die Wunder, die Jesus tat, zeigten doch, dass es auch ein Schöpfungswunder gegeben haben könnte (»idea spektrum« vom 7.10.2009, 6.3.2014, 9.4.2014, 11.2.2015 und öfter).

27 Römerbrief 5, 19.

28 Lukas 10, 30-35.

29 *Glaubensbasis der Evangelischen Allianz Deutschland.*

30 Friedrich von Huene (1875-1969), zitiert nach Hemminger, a.a.O., S. 76.

31 1. Korintherbrief 13, 9.

32 Kolosserbrief 2, 3.

33 Paul Müller: *Bibel und Naturwissenschaft im Widerspruch oder in der Harmonie?*, Metzingen 1954, und: Ders.: *Schöpfung und Wunder – Zufall oder Gottes Werk*, Metzingen 1969, zit. n. Hemminger, a.a.O., S. 77.

34 Stephen Greenblatt: *Die Geschichte von Adam und Eva. Der mächtigste Mythos der Menschheit*, München 2018.

KAPITEL 7 Kennen Sie Widersprüche in der Bibel?

1 Genesis (1. Mose) 1, 1 bis 2, 4 und Genesis (1. Mose) 2, 1 bis 3, 24.

2 Johannes 1, 1-5.

3 Genesis (1. Mose) 1, 16-18.

4 Genesis (1. Mose) 3, 1b.

5 Genesis (1. Mose) 3, 4f.

6 Josua 10, 1ff und 11, 1-15.

7 Josua 10, 49.

8 Josua 11, 16.
9 Die Basis-Bibel. Deutsche Bibelgesellschaft, Stuttgart 2021, S. 561.
10 Josua 13, 1.
11 Josua 17, 12.
12 Josua 15, 63.
13 Richter 3, 5.
14 1. Samuel 17, 50.
15 2. Samuel 21, 19.
16 1. Chronik 21, 1. Die Bibelübersetzungen ›Elberfelder‹ und ›Bibel in gerechter Sprache‹ sagen statt ›der Teufel‹ lieber ›ein Widersacher‹. Dann wär's ein menschlicher, z.B. politisch oppositioneller Verführer. Am Widerspruch, wer die Zählung denn nun initiierte, ändert das aber nichts.
17 2. Samuel 24, 1.
18 Numeri (4. Mose) 23, 19.
19 Genesis (1. Mose) 6, 6.
20 Jeremia 18, 7-10.
21 Matthäus 14, 21.
22 Markus 6, 44 und Lukas 9, 14.
23 Matthäus 15, 38; Markus 8, 9.
24 Johannes 20, 1.
25 Matthäus 28, 1.
26 Markus 16, 1.
27 Lukas 24, 10.
28 Matthäus 28, 2-4.
29 Markus 16, 1; Lukas 24, 2; Johannes 20, 1.
30 Markus 16, 6.
31 Johannes 20, 12.
32 Lukas 24, 4.
33 Lukas 24, 12.
34 Johannes 20, 3-5.
35 Johannes 20, 14.
36 Matthäus 28, 8f.
37 Lukas 24, 13ff.

38 Deuteronomium (5. Mose) 7, 3f.
39 Esra 10, 10, 11b und 17.
40 Nehemia 13, 23-25
41 Rut 2, 12b.
42 Matthäus 1, 5.
43 Levitikus (3. Mose) 20, 10.
44 Johannes 8, 1-11.
45 Levitikus (3. Mose) 11, 9-31.
46 Apostelgeschichte 10, 9-16.
47 Genesis (1. Mose) 17, 9-12a.
48 Römerbrief 4, 9-12.
49 Galaterbrief 2, 11 und 14b.
50 Apostelgeschichte 15, 5 bis 10b, 13 und 19.
51 Apostelgeschichte 15, 20, 28 und 29.
52 1. Timotheusbrief 2, 11 und 15.
53 Römerbrief 3, 28.
54 Zitiert nach: Thorsten Dietz: *Weiterglauben. Warum man einen großen Gott nicht klein denken kann*, Moers 2018, S. 88ff.

KAPITEL 8 Warum sagt ihr »Junge, Junge!«, wenn ihr staunt?

1 Apostelgeschichte 2, 9-11.
2 Apostelgeschichte 2, 41.
3 Apostelgeschichte 7, 54-58.
4 Apostelgeschichte 16, 20-24.
5 Apostelgeschichte 18, 1-3.
6 Apostelgeschichte 26, 11.
7 Apostelgeschichte 11, 27.
8 Apostelgeschichte 17, 15-22.
9 Apostelgeschichte 18, 1f.
10 Römerbrief 16, 6-16.
11 Matthäus 13, 55.
12 Zit. n. Hans Mayer: *Martin Luther. Leben und Glaube*, Gütersloh 1982, S. 110.

13 Römerbrief 3, 28.

14 M. Luther: *Sendbrief vom Dolmetschen*, zit. n. Gerhard Hörster: *Markenzeichen bibeltreu. Die Bibel richtig verstehen, auslegen, anwenden*, Witten 1990, S. 31.

15 Übersetzer Prof. Dr. Kähler, Deutscher Ev. Kirchentag, Berlin 2017, im Gespräch mit dem Autor.

16 Hans-Joachim Eckstein: *Die Schrift allein*, SMD-Transparent 4, Dezember 2017.

KAPITEL 9 Und? Wie ist er denn so?

1 Anselm von Canterbury (1033-1109) meinte, das Bewegtsein der Dinge (»kosmologisch«), das Bewirktsein der Dinge (»kausal«), das So-Sein der Dinge (»kontingent«), das Sich-entwickeln der Dinge (»evolutionär«) und das zielgerichtete Geordnetsein der Dinge (»teleologisch«) seien schon mal fünf Gottesbeweise und alle zusammen ein »ontologischer Gottesbeweis«. Thomas von Aquin (1225-1274) meinte: Ja, aber Gott ist das, worüber hinaus nichts Größeres gedacht werden kann. Immanuel Kant (1724-1804) meinte: Nöö, ethisches Handeln setze zwar eine übermenschliche Instanz voraus, aber über die könne man nichts sagen, weil Gott ja kein Gegenstand menschlicher Vernunft und Erfahrung sei. Karl Barth (1886-1968) meinte: Na ja, Gegenstand der Vernunft nicht, aber der Erfahrung schon. Robert Spaemann (1927-2018) meinte: Doch, es muss ein absolutes Bewusstsein geben, das jede (!) Wahrheit aufbewahrt, denn nur eine Religion, die wahr ist, kann gut sein. Joseph Ratzinger alias Papst Benedikt XVI. (1927-2022) fand das auch. Ich persönlich finde den »ornithologischen Philosophenbeweis« auch ganz spannend: Gott beweisen? Die haben ja 'n Vogel!

2 Baruch de Spinoza (1632-1677), jüdischer Philosoph in Holland, fand: »Gott ist in allem Seienden als Substanz vorhanden und Ursache ihrer selbst.«

3 A.J. Jacobs: *Die Bibel und ich: Von einem, der auszog, das Buch der Bücher wörtlich zu nehmen*, Berlin 2008, S. 185.

4 Johannes 1, 1-3.

5 Johannes 1, 18.

6 Kolosserbrief 1, 15.

7 Philipperbrief 2, 5-8.

8 Apostelgeschichte 17, 22f.

9 Apostelgeschichte 17, 34.

10 1. Korintherbrief 1, 23.

11 Deuteronomium (5. Mose) 28, 49a, 52f., 56f., 63.

12 Deuteronomium (5. Mose) 32, 41f.

13 1. Samuel 15, 3.

14 1. Samuel 15, 9.

15 1. Samuel 15, 11.

16 Franz Buggle: *Denn sie wissen nicht, was sie glauben. Oder warum man redlicherweise nicht mehr Christ sein kann. Eine Streitschrift*, Reinbek 1992, S. 33.

17 Omri Boehm, israelischer Professor der Philosophie, in DIE ZEIT vom 8. Dezember 2022, S. 65.

18 Alice Weidel, AfD, in der Generaldebatte des Bundestages am 16.5.2018.

19 Stefan Heym (1913-2001), jüdischer Schriftsteller in der DDR, prominenter Regimegegner 1989/90, schrieb 1972 den Roman *Der König David Bericht*: Ein von König Salomo bestellter Schreiber soll das Bild seines Vaters David posthum aufhübschen und gerät in Konflikt mit den Zeitzeugen, dem Auftraggeber, seinem Gewissen und – seinem Glauben! Lesenswert.

20 Exodus (2. Mose) 20, 7.

21 2. Könige 2, 19-22.

22 2. Könige 2, 23f.

23 1. Könige 18, 22-40.

24 Richard Dawkins: *Der Gotteswahn. Einer der einflussreichsten Intellektuellen der Gegenwart zeigt, warum der Glaube an Gott einer vernünftigen Betrachtung nicht standhalten kann*, 2. Aufl. Berlin 2007.

25 Psalm 137, 9.
26 Psalm 78, 38; 86, 15; 103, 8; 11, 4; 145, 8.
27 Exodus (2. Mose) 20, 4.
28 2. Samuel 22, 28; Hiob 36, 7; Psalm 33, 18.
29 Psalm 86, 1.
30 Psalm 10, 20.
31 Jesaja 60, 13.
32 Hiob 20, 15.
33 2. Samuel 22, 9.
34 Psalm 25, 6; Psalm 40, 12.
35 Psalm 77, 10.
36 Johannes 1, 18.
37 Matthäus 13, 55.
38 Matthäus 12, 11.
39 Markus 4, 38.
40 Johannes 14, 9.
41 Johannes 10, 30.
42 Matthäus 26, 64.
43 Matthäus 26, 65: »Da zerriss der Hohepriester sein Gewand und sagte: Ihr habt diese Gotteslästerung gehört!«
44 Hebräerbrief 1, 1f.
45 Matthäus 3, 17: »Da erklang eine Stimme aus dem Himmel: Das ist mein geliebter Sohn, an ihm habe ich Freude.«
46 Römerbrief 6, 4: »Christus wurde durch die Herrlichkeit des Vaters von den Toten auferweckt.«
47 Kolosserbrief 2, 9.
48 Martin Benz: *Wenn der Glaube nicht mehr passt. Ein Umzugshelfer*, Neukirchen-Vluyn 2022, S. 98.
49 1. Johannes 4, 16.
50 Adolf Köberle: *Karl Heims Schriftverständnis. Evangelium und Wissenschaft*, I/1980«, zit. n. Hemminger, a.a.O., S. 79f.

Haben Sie Ihre Frau nicht mitgebracht?

1 Exodus (2. Mose) 20, 17.

2 Heraklit: *Fragmente*, in: Rita Cuccioli Melloni: *Ricerche sul Pitagorismo*, Bd. 1, Bologna 1969; zitiert in den Neubearbeitungen von Simone de Beauvoirs *Le deuxieme sexe* von 1949, in: Dies.: *Das andere Geschlecht. Sitte und Sexus der Frau*, Reinbek 2000, S. 107.

3 Edouard des Places (Hrsg.): *Porphyre: Vie de Pythagore, Lettre a Marcella*, Paris 1982.

4 Southern Baptist Convention Annual Summit New Orleans, »88 % rejection«, zit. n. »Christianity Today« vom 14.6.2023, S. 1.

5 Matthias Lohmann, TV-Prediger Christian Wegert und Ron Kubsch in: »idea spektrum« v. 16.3.2016, S. 27.

6 Exodus (2. Mose) 1, 15-21.

7 Exodus (2. Mose) 15, 20.

8 Richter 4, 4.

9 1. Samuel 2, 1-10.

10 2. Könige 20, 14-20.

11 Lukas 10, 1.

12 Lukas 8, 1-3.

13 Johannes 4, 6-10; 8, 2-11; Lukas 7, 36-38 und 44-48; 8, 43-48.

14 Johannes 11, 5.

15 Markus 16, 1.

16 Apostelgeschichte 16, 14ff.

17 1. Korintherbrief 15, 6.

18 Matthäus 28, 16-20.

19 Römerbrief 16, 7.

20 1. Korintherbrief 9, 1f.

21 Zitiert nach Ute E. Eisen: *Amtsträgerinnen im frühen Christentum.* Forschungen zur Kirchen- und Dogmengeschichte, Band 61, Göttingen 1996, S. 51.

22 Matthäus 27, 55a.

23 Matthäus 27, 56.

24 Lukas 8, 3a.

25 Johannes 19, 25.

26 Lukas 8, 3.

27 Markus 15, 40.

28 1. Timotheusbrief 2, 12f.

29 Das Beispiel verdanke ich Ulrich Wendel: *Priska, Junia & Co. Überraschende Einsichten über Frauen im Neuen Testament,* Gießen 2003, S. 12.

30 Römerbrief 16, 1f.

31 Römerbrief 16, 3f.

32 Maria, Tryphäna, Julia, Persis, Nereus' Schwester, Tryphosa und die »Mutter des Rufus, die auch für mich wie eine Mutter ist«, Römerbrief 16, 13-15.

33 1. Korintherbrief 14, 34f.

34 1. Korintherbrief 11, 6-9.

35 Ambrosius von Mailand (339-397), zit. n. Ida Raming in: »Publik Forum« 9/2023, S. 33.

36 Ulrich Neuhausen: *Gemeinsam gesegnet. Mann und Frau im Dienst für Jesus Christus*, Basel 2019.

37 Johannes Fischer, Zürich, Prof. für Systematische Theologie, in: »zeitzeichen« 2/2023, S. 20.

38 Thomas Kaufmann, Historiker, über Martin Luther in: alpha, BR Fernsehen, Okt. 2017.

39 Martin P. Grünholz in: »idea spektrum« vom 23.11.2022, S. 21.

KAPITEL 11 Darf man Briefe an andere lesen ...

1 Römerbrief 1, 7a; 1. Korintherbrief 1, 2a; Epheserbrief 1, 1; Philipperbrief 1, 1; Kolosserbrief 1, 1; etc.

2 An die Christen in Korinth schrieb Paulus einen, den er im 1. Korintherbrief erwähnt (1. Kor 5, 9), also ist der biblische erste wohl der historisch zweite. Die Korinther wiederum schrieben ihm Fragen, die wir nur von ihrer Beantwortung durch Paulus her kennen (1. Kor 7, 1) und einen »Tränenbrief« (2. Kor 7, 6f.), den wir auch nicht haben. Also ist der biblisch zweite Korinther-

brief mindestens der dritte, vielleicht gar der vierte. Den Brief der Gemeinde in Laodizea an die Gemeinde in Kolossä (Kolosser 4, 16) und den Brief der Jerusalemer Gemeinde an die Gemeinde in Antiochien (Apostelgeschichte 15, 30f) haben wir nicht, obwohl Chronist Lukas ihn vermutlich stark gekürzt wiedergibt (Apostelgeschichte 15, 23ff). Die Drohungen des »Henoch«, die der Judasbrief erwähnt (Judasbrief 14) haben wir nicht. Den Brief des dritten Nachfolgers von Petrus, Bischof Clemens in Rom, an die Christen in Korinth haben wir nicht, obwohl er als »Clemensbrief« im Frühchristentum so prominent geehrt wurde wie die Schriften des Paulus. Die »Offenbarung des Petrus«, die der Bischof von Alexandrien um 200 n. Chr. als »biblisch« kommentiert; das Thomas-Evangelium, der »Hirt des Hermas«, der Barnabasbrief, die »Didache« und die »Agrapha« – »nicht aufgeschriebenen« – Sinnsprüche, Dialoge und Anekdoten Jesu.

3 1. Korintherbrief 1, 12.

4 Erna und Hans Melchers: *Das große Buch der Heiligen. Geschichte und Legende im Jahreslauf*, München 1996, S. 799ff. Manche Historiker datieren diesen ›Abschluss des neutestamentlichen Kanons‹ früher als 367 n. Chr., weil Polykarp von Smyrna (71 n. Chr. – 155 n. Chr.) in einem Brief an die Gemeinde in Philippi nur aus jenen Evangelien und Briefen zitiert, die wir heute auch haben.

5 Ob dies auf einer »Rabbiner-Synode von Jamnia/Jabne 90 n. Chr.« geschah oder die »Fixierung des jüdischen Kanons als Entwicklung« dezentral lief, dazu Hubert Frankemölle: *Frühjudentum und Urchristentum. Vorgeschichte – Verlauf – Auswirkungen*, Stuttgart 2006, und Günter Sternberger: *Jabne und der Kanon*, Lexikon zur Biblischen Theologie, Band 3, 1988, S. 163-174.

6 Markus 10, 19; z.B. zitiert Jesus Sirach 4, 1; Matthäus 9, 36 zitiert Judith 11, 19; 2. Timotheusbrief 2, 19b zitiert Sirach 17, 26 – lauter »apokryphe« Schriften, die Martin Luther 1523 rundweg aussortierte.

7 2. Timotheusbrief 3, 16; bei Luther: »denn alle Schrift, von Gott eingegeben ...«

8 Deuteronomium (5. Mose) 6, 5 und Levitikus (3. Mose) 19, 18 zitiert Jesus in Matthäus 22, 40. Auf Jesaja 52, 13-53 »die prophetischen Worte« bezieht sich 2. Petrusbrief 1, 19.

9 Siegfried Zimmer: *Schadet die Bibelwissenschaft dem Glauben? Klärung eines Konflikts,* Göttingen 2007, S. 106.

10 Johannes 17, 6 und 8.

11 Johannes 6, 63.

12 Galaterbrief 1, 11f und 15.

13 1. Korintherbrief 2, 12f.

14 Römerbrief 16, 25f.

15 Manfred Schäller in: *Die Unfehlbarkeit und Irrtumslosigkeit der Bibel,* hrsg. von Stephan Holthaus und Karl-Heinz Vanheiden, Hammerbrücke 2002, S. 35.

16 Ebd., S. 30.

KAPITEL 12 Kennen Sie die Bhagavad Gita?

1 Johannes 3, 16b.

KAPITEL 13 War Kennedy ein Berliner?

1 Hermann Samuel Reimarus: *Apologie oder Schutzschrift für die vernünftigen Verehrer Gottes,* hrsg. von Gerhard Alexander, Frankfurt/M. 1972.

2 https://de.wikipedia.org/David_Friedrich_Strauß"%C3%9F [abgerufen 5.7.23].

3 Zit. n. Gerhard Hörster: *Markenzeichen bibeltreu. Die Bibel richtig verstehen, auslegen, anwenden,* Witten 1990.

4 Zit. n. Joachim Nagel: *Adams Ängste,* in: Publik Forum 18/2022, S. 34.

5 Kolosser 2, 23.

6 Der langjährige Chefredakteur und jetzige Vorstandsvorsitzende der konservativ evangelikalen Wochenzeitschrift »idea

spektrum«, Helmut Matthies, forderte im AfD-Werbekanal *Das ganze Bild* am 10.9.2018 auf YouTube bei Beatrix von Storch, der stellvertretenden AfD-Fraktionsvorsitzenden, Kirchgänger sollten missliebige Predigten durch Zwischenrufe oder demonstratives Hinausgehen kommentieren.

7 Z.B. *Campus für Christus, Jugend mit einer Mission, Jugend für Christus, Wort des Lebens, Trans World Radio / Evangeliumsrundfunk, Janz Team, Billy Graham Evangelistic Association.*

8 Z.B. *Noahs Band* 1972, Barry McGuire 1975, *Love Song* und *Liberation Suite* auf dem Christival-Kongress in Essen 1976, Andrae & Sandra Crouch 1979, Larry Norman 1978, Jessy Dixon und Jamie Owens 1980 u.v.a.

9 Zit. n. Thomas Schirrmacher: *Bibeltreue in der Offensive. Die drei Chicagoerklärungen zur biblischen Irrtumslosigkeit, Hermeneutik und Anwendung.* Biblica et Symbiotica 2, Bonn 1993.

10 Stand Wintersemester 2022/23.

11 Matthäus 6, 5: »Wenn ihr betet, dann macht es nicht wie die Scheinheiligen. Sie stellen sich zum Beten gerne in die Synagogen und an die Straßenecken, damit die Leute sie sehen können.« Lukas 19, 6f: »Voller Freude nahm Zachäus Jesus bei sich auf. Die Leute ärgerten sich und sagten: Bei einem Sünder ist er eingekehrt?!«

12 Johannes Vogel, Rektor des *Bibel-Center Breckerfeld,* in: idea spektrum 31.5.2007, S. 14.

13 Volker Gäckle, zitiert in Jürgen Mette: *Die Evangelikalen. Weder einzig noch artig. Eine biografisch-theologische Innenansicht,* Asslar 2019, S. 82.

KAPITEL 14 Gab es verplemperte Jahre Ihres Lebens?

1 Lukas 24, 19-21: »Jesus war ein großer Prophet, aber unsere führenden Priester ließen ihn zum Tode verurteilen und kreuzigen. Wir hatten doch gehofft, dass er der erwartete Retter Israels ist! Aber nun ist es schon drei Tage her, dass das alles geschehen ist.«

2 2. Samuel 7, 12-13.

3 Jesaja 58, 6 und 61, 2, zusammengefasst in Lukas 4, 18f: »Der Geist des Herrn ruht auf mir, denn der Herr hat mich gesalbt. Er hat mich gesandt, den Armen gute Nachricht zu verkünden. Den Gefangenen soll ich zurufen, dass sie frei sind und den Blinden, dass sie sehend werden. Den Unterdrückten soll ich die Freiheit bringen. Ich soll verkünden: Jetzt beginnt das Jahr, in dem der Herr Gnade schenkt.«

4 Lukas 4, 21.

5 Lukas 4, 28-30.

6 Lukas 10, 1f.

7 Lukas 24, 17-19a.

8 Lukas 24, 15f.

9 Lukas 24, 22-24.

10 Jesaja 42, 1-7; Jesaja 49, 1-6; 50, 4-10.

11 Jesaja 9, 5.

12 Daniel 7, 14.

13 Lukas 24, 27.

14 Johannes 1, 14.

15 Zit. n. Hans Mayer: *Martin Luther, Leben und Glaube*, Gütersloh 1982, S. 112.

16 Lukas 24, 28b-31.

17 Lukas 24, 32f.

18 Johannes 6, 35.

19 Alexander Seibel in: »idea spektrum« 20/2006, S. 14: »Jesus ist buchstabengläubig gewesen.«

20 1. Korinther 3, 11.

21 Johannes 14, 6.

22 Matthäus 16, 16; Römerbrief 4, 24f; 1. Thessalonicherbrief 4, 14; Kolosserbrief 1, 15-20; Philipperbrief 2, 6-11.24; Martin Luther, Weimarer Gesamtausgabe WA. Band 39, I. 47, 5.21; zit. n. Paul Althaus: *Die Theologie Martin Luthers*, Gütersloh 1980, S. 77ff, zit. n.

Siegfried Zimmer: *Schadet die Bibelwissenschaft dem Glauben?*, Göttingen 2007, S. 28, 55, 59.

23 Martin Luther, Weimarer Gesamtausgabe WA Band 39, I. 47, 5.21; zit. n. Paul Althaus: *Die Theologie Martin Luthers*, Gütersloh 1980, S. 77ff, zit. n. Siegfried Zimmer: *Schadet die Bibelwissenschaft dem Glauben?*, Göttingen 2007, S. 28, 55, 59.

24 Hans-Joachim Eckstein: *Wie will die Bibel verstanden werden?*, Holzgerlingen 2016, S. 133ff.

25 Siegfried Zimmer, a.a.O., S. 63.

26 Zitiert nach Hansjörg Hemminger: *evangelikal. Von Gotteskindern und Rechthabern*, Gießen 2016, S. 122.

27 1. Korintherbrief 15, 8f.

28 Galaterbrief 1, 13f.

29 Philipperbrief 3, 8b nach Luther-Bibel 2017: »Kot«. Basisbibel 2022: »nichts als Dreck«.

30 Römer 8, 1: »Es gibt keine Verurteilung mehr für die, die zu Jesus Christus gehören.«

31 Römer 2, 12-16 und 25-29; Römerbrief 3 komplettes Kapitel; Römerbrief 6, 15-18; 7, 14-25.

32 Römerbrief 11, 18b.

33 Galaterbrief 2, 15-21.

34 Zitiert nach Christian Staffa: *Vom protestantischen Antijudaismus*, Dokumente der Ev. Akademie Sachsen-Anhalt, Band 3, Wittenberg 1997, S. 57ff.

35 Zit. n. Martin Luther: *Euch stoßen, daß es krachen soll. Sprüche, Aussprüche, Anekdoten.* Herausgegeben und mit einem Geleitwort versehen von Eckart Krumbholz, Berlin(Ost) 1983, S. 19.

36 Philipp Melanchthon, Johann Forster, Bernhard Ziegler, Matthäus Aurogallus, Nikolaus von Amsdorf, Georg Rörer, Johannes Bugenhagen, Justus Jonas und Caspar Cruciger. Zu sehen im mittelalterlichen »Selfie« des Malers Lukas Cranach d.J., Altarbild in der Stadtkirche Wittenberg.

1 Philemonbrief 10-14.

2 Matthias Dreher im *Korrespondenzblatt des Pfarrervereins der ev.-luth. Kirche Bayerns*: »Wenn sich Menschen mit dem Wunsch nach einem besseren Leben *bewusst* in Gefahr begeben, haben sie kein Recht, diesen auch erfüllt zu bekommen.« Matthias Pankau in »idea spektrum« vom 28.10.2020, S. 9: »Recht hat er! Zu meinen, das Wohl der Welt hinge an uns Christen in Deutschland, ist nicht nur hochmütig, es ist unchristlich!« In 23/2018, S. 3: »Merkel & Co vor den Untersuchungsausschuss! Nicht die Schwächsten erhalten Obdach, sondern die Dreistesten«. In 26/2018 vom 4.7., S. 3: »Ist es unchristlich, Migranten abzuweisen ? Nein!« Seit 24/2018 v. 14.6., S. 3 Daniela Städter: »Obwohl diese ›Flüchtlinge‹ ja aus sicheren Drittstaaten kamen!«

3 1. Thessalonicherbrief 4, 17: »Wir werden auf Wolken in die Höhe emporgetragen, um dem Herrn zu begegnen.«

4 Zit. n. Thomas Kaufmann in: »zeitzeichen« 6/2014, S. 45.

5 Galaterbrief 1, 11f.

6 Galaterbrief 1, 8.

7 1. Korintherbrief 7, 10.

8 1. Korintherbrief 7, 12.

9 Enzyklika *Inter praecipuas* 1845.

10 Karl Rahner z.B. 1958: »Es ist weder einsichtig, dass Apostel *immer* inspiriert sein müssen, noch ist zu beweisen, dass *nur* Apostel inspiriert sein können. Entweder entmächtigt die Heilige Schrift die Lehrautorität der Kirche oder das Lehramt der Kirche entmächtigt die Schrift«, in: Ders.: *Über die Schriftinspiration. Quaestiones Disputatae*, Bd. 1, Freiburg i.Br. 1958, S. 33f und 39.

11 Lukas 10, 29.

12 Eva Menasse in DIE ZEIT vom 20.7.2023, S. 43.

13 Zit. n. Publik Forum Nr. 13/2019, S. 46.

14 Zit. n. Arnulf Zitelmann: »*Widerrufen kann ich nicht.*« *Die Lebensgeschichte des Martin Luther,* Weinheim/Basel 1983, S. 21.

15 Luther wurde am 3. April 1507 zum Priester geweiht, begann aber erst im Wintersemester sein Theologiestudium.

16 *Von der Freiheit eines Christenmenschen, An den christlichen Adel deutscher Nation* und *Von der babylonischen Gefangenschaft der Kirche.*

17 1. Petrusbrief 2, 9.

18 Apostelgeschichte 5, 29.

19 Deutsche Reichstagsakten jüngere Reihe, Band 2, S. 581, zit. n. Ernst W. Böckenförde: *Geschichte der Rechts- und Staatsphilosophie,* Tübingen 2002, S. 175.

20 Zit. n. Manfred Wolf (Hrsg.): *Thesen und andere Anschläge. Anekdoten um Martin Luther,* Leipzig 2005, S. 375.

21 1. Korintherbrief 2, 6, 10a, 13.

22 Lukas 24, 15 und 16.

23 Psalm 32, 8.

Statt eines Nachworts

* Aus: Christina Brudereck: *Trotzkraft,* 2Flügel Verlag Brudereck und Seipel GbR, Essen 2021, Nr. 160.

Quellennachweis

S. 169, aus: Christina Brudereck: Trotzkraft, Essen 2021, Nr. 160,
© 2Flügel Verlag Brudereck und Seipel GbR, www.2fluegel.de

MIX
Papier | Fördert gute Waldnutzung
FSC® C014496

Penguin Random House Verlagsgruppe FSC® N001967

2. Auflage, 2024

Umschlagmotiv: Caravaggio, eigentlich Michelangelo Merisi (1571-1610)
»Der ungläubige Thomas«, um 1601, Öl auf Leinwand, 107 x 146 cm, Potsdam, SPSG, Bildergalerie von Sanssouci; © der Vorlage: akg-images, Berlin
Druck und Bindung: GGP Media GmbH, Pößneck
Printed in Germany
ISBN 978-3-579-07198-5
www.gtvh.de